最新法律文件解读丛书

民事法律文件解读

总第 172 辑（2019. 4）

最新法律文件解读丛书编选组　编

人民法院出版社

图书在版编目(CIP)数据

民事法律文件解读．总第172辑/最新法律文件解读丛书编选组编．—北京:人民法院出版社,2019.5
(最新法律文件解读丛书)
ISBN 978-7-5109-2477-4

Ⅰ.①民… Ⅱ.①最… Ⅲ.①民法-法律解释-中国②民事诉讼法-法律解释-中国 Ⅳ.①D923.05②D925.105

中国版本图书馆CIP数据核字(2019)第050631号

民事法律文件解读·总第172辑
最新法律文件解读丛书编选组 编

责任编辑 丁丽娜
出版发行 人民法院出版社
地　　址 北京市东城区东交民巷27号 邮编 100745
电　　话 (010)67550608(责任编辑) 67550558(发行部查询)
65223677(读者服务部)
客服QQ 2092078039
网　　址 http://www.courtbook.com.cn
E-mail courtbook@sina.com
印　　刷 三河市国英印务有限公司
经　　销 新华书店
开　　本 787×1092毫米 1/16
字　　数 140千字
印　　张 8
版　　次 2019年5月第1版 2019年5月第1次印刷
书　　号 ISBN 978-7-5109-2477-4
定　　价 22.00元

卷首语

2019年2月27日，最高人民法院发布《最高人民法院关于深化人民法院司法体制综合配套改革的意见——人民法院第五个五年改革纲要（2019—2023）》（以下简称“五五改革纲要”）。“五五改革纲要”作为未来五年指导人民法院改革规划和实施推进的纲领性文件，系人民法院深化司法体制综合配套改革的重要依据和关键抓手。“五五改革纲要”由总体要求、主要内容和组织实施三大版块组成，提出了加强组织领导、强化主体责任、科学周密部署、加强舆论引导等具体要求，主要内容包含10个方面65项改革举措，通过科学构建坚持党的领导制度体系、服务和保障大局制度体系、以人民为中心的诉讼服务制度体系等10大体系，推动公正高效权威的中国特色社会主义司法制度更加成熟、更加定型。本辑收录了发布“五五改革纲要”及新闻发布稿和最高人民法院司改办负责人就纲要答记者问文章。

本辑收录了最高人民法院发布的第21批指导性案例（指导案例107—112号）。该批指导案例均为涉及“一带一路”建设的指导性案例，主要涉及国际货物买卖合同纠纷、海上货物运输合同纠纷、保函欺诈纠纷、海难救助合同纠纷、信用证开证纠纷、申请设立海事赔偿责任限制基金纠纷等问题。

《最新法律文件解读》丛书
编 辑 部

范春雪 （010）67550525

姜 峤 （010）67550573

丁丽娜 （010）67550608

张 奎 （010）67550673

路建华 （010）67550660

执行编辑 丁丽娜

邮 箱 dlnlaw@163.com

目　录

【司法解释、司法指导性文件与解读】

[司法解释、司法指导性文件与解读]

最高人民法院

关于印发《最高人民法院关于深化人民法院司法体制综合配套改革的意见——人民法院第五个五年改革纲要（2019—2023）》的通知

2019年2月27日　　法发〔2019〕8号

各省、自治区、直辖市高级人民法院，解放军军事法院，新疆维吾尔自治区高级人民法院生产建设兵团分院：

《最高人民法院关于深化人民法院司法体制综合配套改革的意见》已经中央批准，现予以印发，作为《人民法院第五个五年改革纲要（2019—2023）》贯彻实施。贯彻落实中的重大事项，请及时报告我院。

最高人民法院

关于深化人民法院司法体制综合配套改革的意见——人民法院第五个五年改革纲要（2019—2023）

党的十八大以来，在以习近平同志为核心的党中央坚强领导下，人民法院司法体制改革全面深入推进，在重要领域和关键环节取得突破性进展，中国特色社会主义审判权力运行体系初步形成。党的十九大从发展社会主义民主政治、深化依法治国实践的高度，作出深化司法体制综合配套改革、全面落实司法责任制的重要战略部署。第十三届全国人民代表大会常务委员会第六次会议修订通过的《中华人民共和国人民法院组织法》，进一步规范了人民法院的组织体系、机构设置、管理体制、队伍建设和履职保障，为深化司法体制改革提供了法律依据，从立法层面巩固了司法体制改革成果。

为深入贯彻习近平总书记全面依法治国新理念新思想新战略，全面贯彻落实党的十九大和十九届二中、三中全会精神，进一步深化新时代人民法院各项改革，现制定《关于深化人民法院司法体制综合配套改革的意见》，并将之作为《人民法院第五个五年改革纲要（2019—2023）》贯彻实施。

一、总体要求

（一）指导思想

以习近平新时代中国特色社会主义思想为指导，紧扣我国社会主要矛盾变化，紧紧围绕统筹推进“五位一体”总体布局和协调推进“四个全面”战略布局，坚持以人民为中心的发展思想，坚持稳中求进工作总基调，统筹推进党中央部署的各项司法体制改革任务，在更高站位、更深层次、更宽领域、以更大力度深化新时代人民法院司法体制综合配套改革，全面落实司法责任制，加快形成系统完备、科学规范、运行有效的制度体系，推动公正高效权威的中国特色社会主义司法制度更加成熟更加定型，全面提升司法能力、司法效能和司法公信，推动营造更加良好的社会主义法治环境，创造更高水平的社会主义司法文明，履行好维护国家政治安全、确保社会大局稳定、促进社会公平正义、保障人民安居乐业的职责任务，努力让人民群众在每一个司法案件中感受到公平正义。

（二）基本原则

——坚持正确政治方向。牢固树立“四个意识”，坚定“四个自信”，坚决做到“两个维护”，始终坚持党对人民法院工作的绝对领导，始终坚持司法改革在党的领导下进行，充分发挥党总揽全局、协调各方的领导核心作用，实现党的领导、人民当家作主、依法治国的有机统一。

——坚持以人民为中心。始终坚持司法为民宗旨，站稳人民立场，贯彻群众路线，确保人民法院司法改革始终为了人民、依靠人民、造福人民。准确把握人民日益增长的美好生活需要同司法工作发展不平衡、不适应之间的矛盾，着力解决人民群众最关切的公共安全、权益保障、公平正义问题，做到人民有所呼、改革有所应，织密扎牢民生司法保障网，不断提升人民群众的获得感、幸福感、安全感。

——坚持遵循司法规律。准确把握审判权作为判断权的特征和中央事权属性，完善符合审判权力运行规律的配套监督和保障机制。始终坚持问题导向和目标导向相统一，坚持试点先行和全面推进相促进，坚持用改革思维和方法解决前进中的问题，通过改革进一步释放潜力、盘活资源、激发活力。

——坚持服务保障大局。立足人民法院司法职能，正确认识大局、精准把握大局、全力服务大局，牢固树立新发展理念，为推动经济高质量发展提供优质司法服务，为优化营商环境、推动形成更高层次改革开放新格局营造良好法治环境，为保持经济持续健康发展和社会大局稳定提供有力司法保障。

——坚持依法有序推进。坚持以宪法法律为依据，坚持人民代表大会制度，做到以法治引领改革、用改革完善法治。制定改革方案时，同步研究是否符合法律规定、是否确有必要修改法律，确保改革于法有据。重大改革试点需要得到法律授权的，严格按照法律程序进行。

——坚持加强系统集成。提升改革的系统性、整体性、协同性，既抓落实、补短板、强弱项，又谋长远、破难题、克难关。加强统筹谋划和整体推进，厘清各项改革举措之间的整体关联性、层次结构性、先后时序性，确保改革在政策取向上相互配合、在实施过程中相互促进、在实际成效上相得益彰，不断提升改革精准化、精细化水平。

——坚持鼓励基层创新。既发挥顶层设计的引领作用，又发挥基层探索的探路作用，统筹不同区域进行差别化探索，推动顶层设计和基层探索良性互动、有机结合。尊重和保护基层首创精神，完善落实容错机制，鼓励基层探索实践，激励基层积极作为，推动将有益经验上升为普遍长远的制度设计，确保改革行稳致远。

——坚持强化科技驱动。贯彻实施网络强国战略，全面建设智慧法院。牢牢把握新一轮科技革命历史机遇，充分运用大数据、云计算、人工智能等现代科技手段破解改革难题、提升司法效能，推动人民法院司法改革与智能化、信息化建设两翼发力，为促进审判体系和审判能力现代化提供有力科技支撑。

（三）总体目标

——把党的政治建设摆在首位，把执行党的政策与执行国家法律统一起来，确保党的领导和党的建设统领人民法院司法改革全领域、贯穿司法改革全过程，推动实现党的组织覆盖审判执行工作基本单元，构建人民法院坚持党的领导制度体系。

——坚持围绕中心、服务大局，充分发挥积极性主动性创造性，从更高层次、更高站位上找准切入点、着力点，通过依法履行职能、锐意改革创新，推动人民法院各项工作深度融入党和国家工作大局，构建人民法院服务和保障大局制度体系。

——把满足人民群众不断增长的司法需求作为人民法院工作基本导向，加强诉讼服务体系建设，深化多元化纠纷解决机制改革，推动把非诉讼纠纷解决机制挺在前面，完善司法救助和涉诉信访制度，努力实现司法更加亲民、诉讼更加便民、改革更加惠民，构建以人民为中心的诉讼服务制度体系。

——进一步深化司法公开，不断完善审判流程公开、庭审活动公开、裁判文书公开、执行信息公开四大平台，全面拓展司法公开的广度和深度，健全司法公开形式，畅通当事人和律师获取司法信息渠道，构建更加开放、动态、透明、便民的阳光司法制度体系。

——全面落实司法责任制，完善审判监督管理机制和法律统一适用机制，健全司法履职保障和违法审判责任追究机制，让法官集中精力尽好责、办好案，推动实现有权必有责、用权必担责、失职必问责、滥权必追责，构建以司法责任制为核心的中国特色社会主义审判权力运行体系。

——优化四级法院职能定位和审级设置，健全适应国家发展战略需要的人民法院组织体系，深化人民法院内设机构改革，加强人民法庭建设和专业化审判机制建设，完善司法经费保障配套机制，构建优化协同高效的人民法院组织体系和机构职能体系。

——推动民事、行政诉讼制度改革，深化以审判为中心的刑事诉讼制度改革，改革法律文书送达机制，推动实现审判资源优化配置、司法效能全面提升，构建顺应时代进步和科技发展的诉讼制度体系。

——全面推进执行信息化、规范化建设，健全完善综合治理执行难工作格局，深入推进失信被执行人联合惩戒工作，推动完善社会诚信体系，依法保障胜诉当事人及时实现权益，推动完善和发展中国特色社会主义现代化执行制度，构建切实解决执行难长效制度体系。

——全面推进人民法院队伍革命化、正规化、专业化、职业化建设，遵循干部成长规律，完善法官培养、选任和培训机制，强化干警政治训练、知识更新、能力培训、实践锻炼，努力提升队伍政治素质、职业素养、司法能力和专业水平，确保各类人员职能分工明晰、职业保障到位，构建中国特色社会主义法院人员分类管理和职业保障制度体系。

——全面推进智慧法院建设，推动建立跨部门大数据办案平台，促进语音识别、远程视频、智能辅助、电子卷宗等科技创新手段深度运用，有序扩大电子诉讼覆盖范围，推动实现审判方式、诉讼制度与互联网技术深度融合，构建中国特色社会主义现代化智慧法院应用体系。

二、主要任务

（一）完善人民法院坚持党的领导制度体系

1. 全面加强党对人民法院工作的绝对领导。认真贯彻落实《中国共产党政法工作条例》，健全维护党中央权威和集中统一领导工作机制，严格执行政法机关党组织向党委请示报告重大事项规定。严格落实各级人民法院党组的主体责任，健全完善党组责任清单、党组议事规则、党组成员依照工作程序参与重要业务和重要决策、重大业务工作督查反馈等制度，发挥好党组把握政策取向、改革方向、办案导向的作用，确保党的基本理论、基本路线、基本方略在人民法院各项工作中不折不扣落到实处。健全人民法院配合参与巡视巡察机制，切实增强政治督察。

2. 全面加强人民法院党的建设工作。按照新时代党的建设总要求，以政治建设为统领，不断推进人民法院党的建设工作。加强人民法院基层党组织建设，以提升组织力为重点，突出政治功能，优化组织设置，严格组织生活，创新活动方式，充分发挥基层党组织战斗堡垒作用和党员先锋模范作用。坚持抓党建、带队建、促审判，切实加强审判执行机构、人民法庭、审判执行团队的政治建设和业务建设，提升创造力、凝聚力、战斗力。

3. 完善党的政治建设工作机制。完善人民法院理论教育、政治轮训制度，教育引导法院干警深入学习贯彻习近平新时代中国特色社会主义思想，确保在政治立场、政治方向、政治原则、政治道路上同以习近平同志为核心的党中央保持高度一致。完善推动社会主义核心价值观深度融入审判执行工作的配套机制，确保人民法院的司法解释、司法政策、裁判规则发挥价值引领功能，促进用法治思维和法治方式深化改革、推动发展、化解矛盾、维护稳定，让遵法守纪者扬眉吐气，让违法失德者寸步难行。坚持以社会主义核心价值观引领法院文化建设，健全司法职业精神培育机制，激励法院干警坚定法治信仰、忠诚司法事业。

4. 贯彻落实新时代党的组织路线。坚持把政治标准作为第一标准，在法官遴选任命、考核评价、监督管理、培养锻炼、奖励惩戒等工作中全面加强政治把关。严格落实党管干部原则，按照政治过硬、业务过硬、责任过硬、纪律过硬、作风过硬的要求，打造忠诚干净担当的高素质专业化法院队伍。结合人民法院实际，建立干部素质培养、知事识人、选拔任用、从严管理、正向激励体系，健全发现培养选拔优秀年轻干部工作机制，健全激励干部担当作为工作机制。

5. 加强人民法院党风廉政建设。坚持全面从严治党，持之以恒正风肃纪，坚定不移推进反腐败斗争。统筹深化司法体制综合配套改革与党风廉政建设，健全与中国特色社会主义审判权力运行体系相适应的廉政风险防控体系，确保公正廉洁司法。完善内部巡视、司法巡查、审务督察制度，整合监督力量。加强关键岗位定期轮换交流。完善岗位职权利益回避制度，规范法官与当事人、律师、特殊关系人、中介组织的接触、交往行为。

（二）健全人民法院服务和保障大局制度体系

6. 健全为打好三大攻坚战提供司法服务和保障机制。围绕坚决打好防范化解重大风险、精准脱贫、污染防治三大攻坚战，强化审判指导，完善工作机制，营造良好法治环境。完善金融审判领域风险监测预警机制，建立金融案件大数据资源库，健全金融风险防范信息共享机制。积极回应农业供给侧结构性改革、农村土地制度改革中的司法需求，服务脱贫攻坚和乡村振兴战略实施。适应特定区域、流域生态环境整体保护的现实需要，完善重大环境资源案件管辖制度，完善生态环境损害赔偿与环境公益诉讼之间的衔接机制。探索惩罚性赔偿制度在环境污染和生态破坏纠纷案件中的适用。

7. 健全为国家重大发展战略提供司法服务和保障机制。积极创新司法协同机制，为京津冀协同发展、雄安新区建设、长江经济带发展、粤港澳大湾区建设和自贸区建设等提供更有力的司法服务和保障。完善与港澳特区民商事司法协助体系，健全相互认可和执行民商事案件判决机制。支持海南全面深化改革开放，对海南建设自由贸易试验区、自由贸易港提供有力司法支持。

8. 健全打造国际化、法治化、便利化营商环境司法服务和保障机制。配合中央有关部门研究制定建设法治营商环境的实施规划。进一步优化与执行合同和办理破产相关的诉讼服务和程序保障，探索构建既符合我国国情、又接轨国际标准的法治营商环境评价指标体系，逐步在全国法院推广实施。

9. 健全“一带一路”国际商事争端解决机制。加强最高人民法院国际商事法庭建设。推动调解、仲裁机构积极参与最高人民法院国际商事法庭国际商事争端解决机制，完善调解、仲裁、诉讼相互衔接的“一站式”国际商事纠纷解决平台。完善最高人民法院国际商事专家委员会工作机制。完善外国法查明机制。推动建立域外送达网络平台。

10. 健全产权司法保护配套机制。健全以公平为核心原则的产权保护制度，研究完善产权司法保护政策，坚决防止将经济纠纷当作犯罪处理，坚决防止将民事责任变为刑事责任。推动建立产权保护协调工作机制。健全涉企业错案依法甄别纠正的常态化机制，进一步强化以案释法工作，及时公布有代表性的典型案件。

11. 健全知识产权司法保护机制。充分发挥司法保护知识产权的主导作用，更好服务创新驱动发展战略。完善符合知识产权案件特点的案件管辖、证据规则、审理方式等诉讼制度。完善知识产权侵权损害赔偿制度。强化对知识产权授权确权行政行为和行政执法行为合法性的全面审查和深度审查，切实推动知识产权授权确权标准、行政执法标准与司法标准相一致。

（三）健全以人民为中心的诉讼服务制度体系

12. 加强诉讼服务体系建设。加快推进诉讼服务中心现代化建设，努力提供普惠均等、便捷高效、智能精准的诉讼服务。健全线上“一网通办”、线下“一站服务”的集约化诉讼服务机制。引入社会第三方参与诉讼服务工作，提升诉讼服务社会化水平。普遍推行“分流、调解、速裁、快审”机制改革，健全相应信息系统，促进纠纷及时快速解决。加快推进跨域立案改革，推动诉讼事项跨区域远程办理、跨层级联动办理，解决好异地诉讼难等问题。完善当场立案、网上立案、自助立案、跨域立案服务相结合的便民立案机制，实现诉讼服务“就近能办、同城通办、异地可办”。推进智慧诉讼服务建设，研发智能辅助软件，为当事人提供诉讼风险评估、诉前调解建议、自助查询咨询、业务网上办理等服务，切实减轻人民群众诉累。

13. 深化多元化纠纷解决机制改革。创新发展新时代“枫桥经验”，完善“诉源治理”机制，坚持把非诉讼纠纷解决机制挺在前面，推动从源头上减少诉讼增量。完善调解、仲裁、行政裁决、行政复议、诉讼等有机衔接、相互协调的多元化纠纷解决体系，促进共建共治共享的社会治理格局建设。加大对行业专业调解工作的指导力度，完善多方参与的调解机制，健全完善律师调解机制，进一步发挥专业调解作用。对具备调解基础的案件，按照自愿、合法原则，完善先行调解、委派调解工作机制，引导鼓励当事人选择非诉方式解决纠纷。推动建立统一的在线矛盾纠纷多元化解平台，实现纠纷解决的在线咨询、在线评估、在线分流、在线调解、在线确认。推广线上线下相结合的司法确认模式，促进调解成果当场固定、矛盾纠纷就地化解。

14. 健全司法救助制度。进一步研究细化司法救助经费保障、救助范围、标准程序等规定，增强可操作性。

15. 深化涉诉信访机制改革。进一步完善诉访分离工作机制，健全涉诉信访终结移交机制。强化涉诉信访源头治理，维护群众合法权益。全面推进律师代理申诉制度。完善社会第三方参与化解机制，增强涉诉信访矛盾化解合力。提升涉诉信访信息化应用水平。完善执行申诉信访系统，与网上申诉平台、执行案件办理系统、全国法院涉诉信访系统互联互通，实现对执行申诉信访案件的常态化监管。加大对违法信访行为的制裁力度，促进依法理性表达诉求。

（四）健全开放、动态、透明、便民的阳光司法制度体系

16. 健全完善司法公开工作机制。贯彻主动、依法、全面、及时、实质公开原则，坚持“以公开为原则，以不公开为例外”，不断拓宽司法公开范围、健全公开形式、畅通公开渠道、加强平台建设、强化技术支撑。深入推进裁判文书、庭审活动、审判流程、执行工作、诉讼服务、司法改革、司法行政事务等方面信息公开的规范化、标准化、信息化建设。健全完善司法公开制度体系，准确划分向当事人公开和向社会公众公开的标准，研究出台相关业务指

引、技术标准和操作规程，明确司法公开责任主体。加大司法公开“四大平台”建设整合力度，优化平台功能，更加突出移动互联网时代新特点，促进平台从单向披露转为多向互动，让诉讼活动更加透明、诉讼结果更可预期。

17. 深化审判流程信息公开。加强中国审判流程信息公开网建设，全面落实通过互联网公开审判流程信息的规定，完善相关业务规范和技术标准，推进网上办案数据自动采集，推动实现全国法院依托统一平台自动、同步向案件当事人和诉讼代理人公开审判流程信息。

18. 深化庭审活动公开。进一步健全庭审公开的范围、流程和保障机制。完善中国庭审公开网功能，扩大庭审公开范围，以有典型意义、社会关注度高的案件为重点，充分运用网络直播、视频录播、图文直播等形式，实现庭审公开常态化，主动接受社会监督，促进提升司法能力，深入开展法治教育。

19. 深化裁判文书公开。加大裁判文书全面公开力度，严格不上网核准机制，杜绝选择性上网问题。升级中国裁判文书网，提升上网裁判文书技术处理自动化智能化水平，着力提升用户体验。加强裁判文书数据资源研究利用，探索建立与政法机关、政府部门、高等院校、科技企业共享合作的长效工作机制，为规范诉讼活动、统一裁判尺度、繁荣理论研究、促进社会治理提供有力支持。

20. 深化执行信息公开。优化整合各类执行信息公开平台功能，拓展执行信息公开范围，推动实现执行案件流程信息、被执行人信息、失信被执行人名单信息、网络司法拍卖信息等在同一平台集中统一公开。加强与社会征信体系的对接，规范失信被执行人信息公开的方式和机制，推动完善“一处失信、处处受限”的信用惩戒格局。

（五）健全以司法责任制为核心的审判权力运行体系

21. 健全审判权力运行机制。全面贯彻“让审理者裁判，由裁判者负责”，强化独任庭、合议庭的法定审判组织地位，依法确定职责权限，确保权责一致。全面加强基层人民法院审判团队建设。理顺审判机构、审判组织、审判团队的关系，完善内部组织架构，优化审判资源配置。进一步健全“随机分案为主，指定分案为辅”的案件分配机制。根据审判领域类别和繁简分流安排，完善承办法官与合议庭审判长确定机制。

22. 健全院长、庭长办案常态化机制。坚持法官入额必须办案原则，合理确定院长、庭长办案工作量，推动减少其非审判事务负担。科学确定院长、庭长审理的案件类型，配套完善分案机制和审判辅助人员配备模式，确保院长、庭长通过审理案件，及时发现、解决审判监督管理、统一法律适用工作中存在的问题。完善对院长、庭长办案情况的考核监督机制，配套建立内部公示、定期通报机制，促进院长、庭长办案常态化。

23. 完善审判委员会制度。强化审判委员会总结审判经验、统一法律适用、研究讨论审判工作重大事项的宏观指导职能，健全审判委员会讨论决定重大、疑难、复杂案件法律适用问题机制。建立拟提交审判委员会讨论案件的审核、筛选机制。深化审判委员会事务公开，建立委员履职情况和讨论事项在办公内网公开机制。完善审判委员会讨论案件的决定及其理由依法在裁判文书中公开机制。规范审判委员会组成，完善资深法官出任审判委员会委员机制。规范列席审判委员会的人员范围和工作程序。

24. 完善审判监督管理机制。明确院长、庭长的权力清单和监督管理职责，健全履职指引和案件监管的全程留痕制度。完善对信访申诉、长期未结、二审改判、发回重审、指令再审、抗诉再审案件的审判监督机制。通过信息化办案平台自动识别、审判组织主动提交、院长和庭长履行职责发现、专门审判管理机构案件质量评查、人民法院主动接受当事人监督和社会监督等途径，推动建立全面覆盖、科学规范、符合规律的审判监督管理制度体系。

25. 加强审判流程标准化建设。编制涵盖刑事、民事、行政、国家赔偿等专业领域的审判流程标准。规范案件报结、归档标准，优化卷宗移送流程。推动将从立案到结案归档各个节点的工作要点、时限要求、流程标准、岗位指引和文书样式嵌入信息化办案平台，实现对已完成事项的全程留痕、待完成事项的提示催办、将到期事项的定时提醒、有瑕疵事项的实时预警、违规性事项的及时冻结等自动化、静默化辅助功能。

26. 完善统一法律适用机制。加强和规范司法解释工作，健全司法解释的调研、立项、起草、论证、审核、发布、清理和废止机制，完善归口管理和报备审查机制。完善指导性案例制度，健全案例报送、筛选、发布、评估和应用机制。建立高级人民法院审判指导文件和参考性案例的备案机制。健全主审法官会议与合议庭评议、赔偿委员会、审判委员会讨论案件的工作衔接机制。完善类案和新类型案件强制检索报告工作机制。

27. 强化司法履职保障机制。进一步健全审判执行人员履行法定职责保护机制、受到侵害救济保障机制和不实举报澄清机制，研究完善法院干警人身意外伤害保险等制度，强化履职保障设施建设，保障和维护法院干警人格尊严和合法权益，对坚持原则、秉公办案、严格执法的法院干警，坚决予以保护支持。研究制定科学合理、简便易行的审判绩效考核办法。进一步规范督查检查考核工作，清理取消不合理、不必要的考评指标，切实为基层减负、为干警减压。

28. 健全完善法官惩戒制度。设立最高人民法院法官惩戒委员会，推动在省一级全面设立法官惩戒委员会。研究制定法官惩戒工作相关规定，健全与纪检监察机关的工作衔接机制，完善保障当事法官陈述、举证、辩解、异议、复议和申诉权利的工作机制。

（六）完善人民法院组织体系和机构职能体系

29. 优化四级法院职能定位。完善审级制度，充分发挥其诉讼分流、职能分层和资源配置的功能，强化上级人民法院对下监督指导、统一法律适用的职能。健全完善案件移送管辖和提级审理机制，推动将具有普遍法律适用指导意义、关乎社会公共利益的案件交由较高层级法院审理。推动完善民事、行政案件级别管辖制度。推动完善民事、行政再审申请程序和标准，构建规范公正透明的审判监督制度。

30. 深化最高人民法院巡回法庭制度改革。完善最高人民法院巡回法庭职能定位和工作机制，健全综合配套保障措施。

31. 规范专门法院建设。根据经济社会发展需要，研究完善专门法院的设立标准、职能定位和配套机制。加强知识产权法院建设，完善专利等案件审判机制。加强金融法院建设，完善金融审判体系，营造良好金融法治环境。加强海事法院建设，全面提升我国海事司法国际地位。

32. 深化互联网法院改革。进一步加强互联网法院建设，完善互联网法院案件管辖、审判制度。结合互联网法院业务特色和技术特点，改造优化电子诉讼平台，完善与国家机关、相关机构和主要电子商务平台的数据对接方式。

33. 深化与行政区划适当分离的司法管辖制度改革。科学界定人民法院跨行政区划管辖案件的范围和标准，推动形成有利于打破诉讼“主客场”现象的新型诉讼格局。配合人民法院组织体系改革，推动整合铁路运输法院、林区法院、农垦法院等机构，进一步优化司法资源配置。

34. 深化人民法院内设机构改革。统筹推进内设机构改革和审判执行组织建设。规范基层人民法院内设机构的数量、职责、名称和规格，优化工作流程，提高运行质效。根据政工党务、司法政务、经费管理、辅助事务等职能，综合设置相应机构。合理利用原有领导职数，妥善分流使用干部。中级以上人民法院结合审级职能、案件数量、人员编制等情况，优化内设机构设置，建立职能划分明确、运行高效顺畅的内设机构体系。完善人民法院综合业务机构职能定位。

35. 加强专业化审判机制建设。积极推进环境资源审判机制改革，完善环境资源审判规则。加强金融、清算与破产审判机制建设，加大审判队伍培训力度，全面提升专业化水平。强化家事审判机制建设，健全完善家事调解、心理疏导、回访帮扶等制度，研究完善家事诉讼程序。探索家事审判与未成年人审判统筹推进、协同发展。

36. 加强人民法庭建设。进一步优化城乡人民法庭布局，充分发挥人民法庭面向基层、面向群众和便利群众诉讼、便利法院审判的优势，依法促进基层社会治理。规范人民法庭领导职数设置，加强人民法庭人员配备，合理保障人民法庭正常履职所需经费。坚持和完善人民法庭巡回审判制度，不断提高巡回审判的效果和水平。

37. 推动部分事务集约化、社会化管理。配合内设机构改革，在人民法院内部推行文书送达、财产保全、执行查控、网络公告等事务集约化管理。充分利用市场化、社会化资源，探索实施网拍辅助、文书上网、案款发放等审判辅助事务和部分行政综合事务外包。健全完善人民法院购买社会化服务工作机制，确保公开竞标、质量评估、运营监督、保密协议、业务培训等各类行为合法合规、外包机制公平公开。

38. 加强人民法院政务标准化建设。加强会议组织、公文处理、机要收发、后勤保障等司法政务工作标准化建设，促进政务标准化与信息化应用融合，切实提升司法政务工作效率和水平，为审判执行工作提供更加优质的服务和保障。

39. 稳妥推进省以下地方法院编制、人事管理改革。推动完善省以下地方法院机构编制由省级机构编制部门管理为主，高级人民法院协同管理的体制。

配合有关部门健全完善中级、基层人民法院领导干部管理体制。

40. 研究完善人民法院司法经费保障机制。研究完善财物管理机制，研究建立经费动态调整机制。

（七）健全顺应时代进步和科技发展的诉讼制度体系

41. 推进民事诉讼制度改革。推动完善诉讼收费制度。进一步完善案件繁简分流机制，健全完善立体化、多元化、精细化的诉讼程序，推进案件繁简分流、轻重分离、快慢分道。优化司法确认程序适用。探索扩大小额诉讼程序适用范围。进一步简化简易程序，完善简易程序与普通程序的转换适用机制。探索推动扩大独任制适用范围。探索构建适应互联网时代需求的新型管辖规则、诉讼规则，推动审判方式、诉讼制度与互联网技术深度融合。深入总结司法实践经验，推动修改民事诉讼法。

42. 推进行政诉讼制度改革。围绕推进法治政府建设，改革完善行政审判工作机制，依法保护行政相对人合法权益，推动行政争议实质性化解，监督和支持行政机关依法行政。促进行政执法规范化、法治化，服务和保障“放管服”改革。规范行政案件管辖机制，完善案件管辖标准及类型，优化行政审判资源配置。

43. 推进刑事诉讼制度改革。深化以审判为中心的刑事诉讼制度改革，推进落实庭前会议制度、非法证据排除制度，完善法庭调查程序，落实证人、鉴定人、侦查人员出庭作证制度，落实和完善技术侦查证据的随案移送和法庭调查规则，确保庭审发挥实质性作用。规范认罪案件和不认罪案件的量刑程序。严格落实刑事缺席审判制度和被告人逃匿、死亡案件违法所得没收制度，细化相关操作性规定。推广应用刑事案件智能辅助办案系统，完善刑事案件不同诉讼阶段基本证据指引，配合中央有关部门将其嵌入跨部门大数据办案平台。进一步支持刑事案件律师辩护全覆盖试点，完善工作衔接机制，充分保障刑事辩护律师依法执业权利。探索建立死刑复核案件通知辩护制度，健全相关工作程序。完善刑罚执行制度，推动统一刑罚执行体制。推动完善“病残孕”罪犯的刑罚交付执行工作机制，解决判前未羁押罪犯交付执行难问题。完善刑事裁判涉财产部分执行案件移送执行机制和退出执行机制。全面推进涉案财物跨部门集中管理信息平台系统在全国法院上线运行，完善相关数据汇聚上传机制。规范刑事申诉案件立案审查标准，完善审查刑事申诉案件的程序和要求。

44. 健全完善民事、行政案件法律文书送达机制。在民事、行政诉讼和执行工作中，综合运用电子送达、委托送达、约定送达等方式，探索完善送达新模式，推动完善相关规定。搭建全国统一的电子送达平台，进一步扩大电子送达法律文书的范围。推动落实当事人送达地址确认书制度。推广集约化、分段化送达工作机制，积极探索利用社会化服务方式开展送达工作。

（八）健全切实解决执行难长效制度体系

45. 推动健全完善综合治理执行难工作大格局。持续健全完善“党委领导、政法委协调、人大监督、政府支持、法院主办、部门联动、社会参与”的综合治理执行难工作大格局。推动将执行工作作为社会治理创新和法治建设重要内容，强化目标责任考核。推动建立基层协助执行网络，充分发挥社会治安综合治理部门、基层组织和网格员作用。

46. 健全切实解决执行难的源头治理机制。推动制定强制执行法。强化生效法律文书的确定性、可执行性，建立生效法律文书执行内容不明确的处理机制。进一步完善执行转破产机制，大力推进信息化应用，完善执行与破产的信息交流和共享机制，推进“执转破”案件的快速审理，促进执行积案化解。研究推动建立个人破产制度及相关配套机制，着力解决针对个人的执行不能案件。推动完善公司法律制度，限制随意变更法定代表人和高级管理人员，强化公司账簿管理，健全公司交易全程留痕制度，防止随意抽逃公司资产。健全司法救助与社会救助的衔接配合机制。

47. 深化执行体制机制改革。深入推进审执分离体制改革，优化执行权配置。推行以法官为核心的执行团队办案模式，完善执行警务保障机制，细化执行程序中各类人员职责权限。强化统一管理、统一指挥、统一协调的执行工作机制。完善执行指挥中心运行机制。推进执行案件和执行事务的繁简分流、分权实施，打破“一人包案到底”的办案模式，切实提升执行工作的集约化、精细化、规范化水平。完善立案、审判与执行工作的协调运行机制。加大诉讼保全适用力度，完善保全和执行协调配合机制，鼓励财产保全保险担保，完善保全申请与执行网络查控有序衔接工作机制，以保全促调解、促和解、促执行。

48. 加强执行信息化建设。积极应用各种新型技术手段，坚持边开发、边运用、边完善，优化升级各类执行信息化系统平台，进一步完善执行指挥系统、流程节点管理系统、网络查控系统、信用惩戒系统、款物管理系统、终结本次执行案件单独动态管理系统、执行信访办理系统。深化以网络司法拍卖为中心的资产定价和处置模式改革，完善网络评估拍卖系统，建立在线询价评估系统。完善四级法院一体化的执行案件办案平台，强化节点管控，实现案件管理的信息化、智能化。建设符合执行实施工作特点的移动办案平台，切实提升工作效率和管理水平。推进智能辅助和大数据分析技术的应用，减轻执行人员工作负担。

49. 加强执行规范化、标准化建设。建立完善以操作规程为核心的执行行为规范体系，完善各类程序节点、执行行为的规范化、标准化流程。完善协同执行、委托执行机制，规范指定执行、提级执行、异地交叉执行的提起和审批程序。严格规范无财产可供执行案件的结案、恢复和退出程序，全面推行终结本次执行案件集中、动态管理。

50. 进一步加大强制执行力度。不断扩大网络查控范围，强化冻结、扣划功能，推动实现网络查控系统对各类财产的全覆盖。进一步完善被执行人财产报告制度，加大对拒绝报告、虚假报告或者无正当理由逾期报告财产被执行人的惩戒力度。健全委托审计、委托调查、悬赏举报等工作机制，加强对被执行人或者协助执行人重大资产处置和重要事项变更等事项的监督。密切与有关方面协作，全面推进信息共享，完善失信被执行人信用监督、警示和惩戒体系，推动形成多部门、多行业、多领域、多手段联合信用惩戒工作新常态。依法充分适用罚款、拘留、限制出境等强制执行措施，加大对抗拒执行、阻碍执行、暴力抗法行为的惩治力度。完善反规避执行工作机制，依法严厉打击拒不执行判决、裁定的犯罪行为。

（九）健全人民法院人员分类管理和职业保障制度体系

51. 完善编制动态调整机制。健全完善政法专项编制的统筹管理、动态调整机制，推动由省级机构编制部门会同高级人民法院将政法专项编制向人案矛盾突出地区和基层人民法院倾斜。调整优化各省（自治区、直辖市）人民法院现有政法专项编制的布局结构。

52. 完善法院人员分类管理制度。健全法官员额管理制度，完善法官交流和退出机制，明确退出的情形、程序、相应后果及救济办法等，实现员额进出常态化、制度化。完善人民法院综合业务部门人员交流机制和人才培养机制。

完善审判辅助人员培训考核、培养选拔等机制，建设专业化审判辅助人员队伍。根据人民法院职能特点，结合公务员职务与职级并行制度，建立健全内部岗位交流机制，拓宽审判辅助人员、司法行政人员的职业发展通道。

53. 完善法官选任机制。配合有关部门统一规范法官遴选委员会的设置、职能。推动强化法官遴选委员会的专业把关职能，适当增加法律专业人士比重，规范遴选标准、程序，推动建立常态性和机动性相结合的遴选机制，确保空缺员额及时增补。完善从符合条件的法官助理中遴选法官的选任标准和工作机制，配套健全分别适应地方法院、专门法院职能特点的初任法官培养机制。健全法官逐级遴选制度配套措施。进一步完善从律师、专家学者和其他法律工作者中公开选拔法官的工作机制。

54. 完善法官单独职务序列配套举措。研究制定法官单独职务序列规定、法官等级比例设置办法和法官等级升降办法，推动形成法官等级按期晋升和择优选升的常态化机制，落实向基层人民法院倾斜的政策导向。健全完善从符合条件的法官中选拔产生人民法院领导干部的工作机制。协调相关部门明确与法官单独职务序列对应的配套生活待遇保障制度。

55. 健全法院人员待遇保障机制。全面落实法院人员工资制度改革，健全与法官工作实绩紧密联系的薪酬分配机制。推动落实法官基本工资标准正常调整机制，其他公务员调整基本工资标准时相应调整法官基本工资标准。完善审判辅助人员和司法行政人员职业保障政策。

56. 健全审判辅助人员配备机制。完善不同层级法院审判辅助人员的配备模式和标准。在坚持规范招录、严格把关的同时，探索适合市、县两级法院招录法官助理的有效措施，把党中央对艰苦边远地区公务员招考的倾斜政策落到实处。探索建立下级人民法院法官到上级人民法院交流担任短期法官助理工作机制。健全完善聘用制书记员的招录、管理机制。进一步加强司法技术专业队伍建设。建立健全法学院校学生到人民法院实习的常态化机制。

57. 推动司法警察管理体制改革。进一步落实编队管理要求，建立符合司法警务工作特点的管理体制。推动完善司法警察相关法律制度。推进司法警察执法勤务警员职务序列改革，进一步推动建立司法警察便捷招录机制、警务督察制度。健全完善警务辅助人员管理机制。积极推进司法警务信息化建设。

58. 完善法院人员教育培训机制。完善人民法院各类人员教育培训体系，着力提高法律政策运用能力、防控风险能力、群众工作能力、科技应用能力、舆论引导能力，建立覆盖职业生涯的终身学习制度。完善法官定期培训机制，确保每名法官每年至少参加一次脱产业务培训、每年参加业务培训不少于10天。完善法官教育培训师资库建设。坚持网络视频培训常态化、开放性，推进“云课堂”建设，建好在线精品课程库，完善相关配套措施。健全完善少数民族地区双语法官培训机制。完善人民法院与法学院校、科研机构双向交流制度。

59. 完善人民陪审员管理配套制度。贯彻落实人民陪审员法，细化人民陪审员参审案件范围、庭审程序、评议规则等问题。完善人民陪审员选任、培训、考核、奖惩管理办法。健全制度规定，推动完善人民陪审员履职经费保障体制。

60. 完善全国法院组织人事系统。建立统一、高效、标准的信息化管理平台，支持与人民法院各业务平台的数据共享互用，实现人事、案件、政务信息共享，推动全国法院人事管理系统化、专业化。

（十）建设现代化智慧法院应用体系

61. 深入推进智慧法院基础设施建设。构建以云计算为支撑的全要素一体化信息基础设施。提升全国法院信息基础设施配置水平、法院专网性能和网络安全防御能力。优化整合各类办公办案平台，避免重复建设、闲置浪费。推动建立跨部门大数据办案平台，实现办案系统互联互通、数据自动推送、资源共享共用。建立人民法院关键信息基础设施安全保护制度，同步规划、同步建设、同步使用分层级的安全防护体系。

62. 推动科技创新手段深度运用。全面提升语音识别技术在庭审语音同步转录中的应用效能，建成全国法院智能语音云平台，实现全国法院语音识别的模型共享和统一管理。加强远程视频庭审、提讯和数字化出庭等软件和基础设施建设，减少办案在途时间。加强智能辅助办案系统建设，完善类案推送、结果比对、数据分析、瑕疵提示等功能。进一步完善道路交通事故等纠纷网上数据一体化处理机制。

63. 有序扩大电子诉讼覆盖范围。充分利用我国移动互联网普及应用的先发优势，进一步提升电子诉讼在全国法院的覆盖范围、适用比例和应用水平。逐步实现在线立案、在线缴费、电子送达三类应用覆盖全国法院，打造世界领先的移动诉讼服务体系。

64. 完善电子卷宗生成和归档机制。健全电子卷宗随案同步生成技术保障和运行管理机制，实现电子卷宗随案同步上传办案系统、电子卷宗自动编目、原审卷宗远程调阅、诉讼文书辅助生成和类案智能推送应用覆盖全国法院。逐步推动实行电子档案为主、纸质档案为辅的案件归档方式。建立全国统一的电子档案管理系统。

65. 完善司法大数据管理和应用机制。丰富扩展司法数据资源，深入开展司法大数据研究，不断提升数据汇聚、分析、应用水平。加强大数据在司法管理、廉洁司法中的应用。围绕经济社会发展大局，探索构建司法社会治理指数，深刻揭示审判执行活动与经济社会发展的内在关联，为科学决策提供参考。

三、组织实施

全面深化司法体制综合配套改革，必须加强组织领导、强化主体责任、科学周密部署、做好舆论引导和思想工作，推动各项改革举措全面落实到位。各级人民法院要把讲政治的要求转化为推进改革的实际行动，提高政治站位，强化政治担当，把坚决执行党中央改革部署作为与以习近平同志为核心的党中央保持高度一致的试金石，把推进改革是否坚实有力作为检验“四个意识”强不强的重要标准，以钉钉子精神抓好抓细改革措施的落地见效，确保改革蹄疾步稳、久久为功，努力让人民群众在每一个司法案件中感受到公平正义。

——加强组织领导。最高人民法院司法改革领导小组负责对本纲要任务的统筹协调、推进实施、督促落实、总结评估，通过建立台账、挂账管理、跟踪督办、督察问责，确保有重点、有步骤、有秩序地推进改革任务落实。各高级人民法院、解放军军事法院、新疆维吾尔自治区高级人民法院生产建设兵团分院要健全司法改革领导小组及其工作机构，发挥好统筹协调、组织实施、督察指导作用。拟就重大改革项目开展试点的，试点方案须报最高人民法院审批同意，中央部署的重大改革试点方案须经最高人民法院报中央审批同意方可实施。各级人民法院要健全完善司法改革重大问题、重大事项报批备案和请示报告制度，及时总结改革经验、报告工作进展、反映问题困难。

——强化主体责任。要把提高方案质量、按时完成任务、抓好工作落实作为重中之重，加强改革任务分解，逐项明确改革的时间表、路线图、责任人、任务书，确保每项任务有人盯、有人抓。要加强对改革落实情况的督察问效，推动改革督察扩点拓面、究根探底。要拓宽政策解读渠道，通过印发问题口径、编写政策读本、组织专题培训，讲明说清改革政策，引导法院干警理解改革、支持改革、投身改革。

——科学周密部署。要充分把握立足当前与谋划长远的关系，在逻辑上注重有序衔接，在成效上注重巩固提升，在配套上注重系统集成，既推动各项改革举措紧密相嵌，又努力做到改革效果压茬拓展，最大程度凸显改革的制度效应和整体效果。要按照“老试点带新试点”“好典型做好教员”的路径，梳理先做先行者的经验方法，发挥善作善成者的示范效应，定期编印司法改革案例，积极推广基层创新举措，推动改革举措持续发展。

——加强舆论引导。要坚持改革方案与宣传舆论工作方案同步制定，改革实施和宣传舆论引导同步推进。要主动适应互联网时代的传播规律，深入宣传人民法院深化司法体制综合配套改革的好经验好成效，通过优化宣传平台、创新宣传方式，讲好人民法院司法改革故事，让人民群众有更多获得感。

关于发布《最高人民法院关于深化人民法院司法体制综合配套改革的意见——人民法院第五个五年改革纲要（2019—2023）》的新闻发布稿

最高人民法院副院长　李少平

各位记者朋友：

大家上午好！感谢各位出席今天的新闻发布会，也特别感谢大家一直以来对人民法院司法改革工作的关注、支持和宣传。根据会议安排，由我向大家简要介绍《最高人民法院关于深化人民法院司法体制综合配套改革的意见》，也就是《人民法院第五个五年改革纲要（2019—2023）》（以下简称“五五改革纲要”）的起草情况、基本思路和主要内容，并回答各位感兴趣的问题。同时，会议还将同步发布《中国法院的司法改革（2013—2018）》白皮书，白皮书以中英文双语形式，系统介绍了党的十八大以来人民法院深化司法体制改革的进展与成效。

一、“五五改革纲要”的起草情况

党的十九大从发展社会主义民主政治、深化依法治国实践高度，作出了“深化司法体制综合配套改革，全面落实司法责任制”的重要战略部署。为深入贯彻习近平总书记全面依法治国新理念新思想新战略，进一步深化新时代人民法院各项改革，党的十九大闭幕后，最高人民法院就组织专门力量，总结分析“四五改革纲要”完成落实情况，深入研究深化司法体制综合配套改革的内容与重点，启动了“五五改革纲要”的调研、起草工作。

一年来，我们走访了20多个省份，重点了解各地在司法便民利民、破解人案矛盾、加强审判监督、完善诉讼机制、强化科技驱动等方面的创新举措和探索实践。同时，我们先后与近600名法院干警、人大代表、政协委员和律师代表等调研座谈，广泛听取各方对深化改革的意见建议。参加座谈的既有高、中级法院院长，也有基层法官、人民调解员、人民陪审员和审判辅助人员、司法行政人员代表。此外，我们还依托最高人民法院司法改革与创新研究实践（广州）基地，认真听取了法律专家学者意见，真正做到了集思广益。

大家普遍反映，党的十八大以来，在以习近平同志为核心的党中央坚强领导下，人民法院司法体制改革全面深入推进，重要领域和关键环节取得突破性进展，主要领域改革主体框架已基本确立。与此同时，一些尚未落地的改革举措还亟需配套完善、夯实见效，一些已取得突破的关键领域尚待持续优化、精细打磨。这也意味着：下一步改革既要持之以恒抓落实、补短板、强弱项，持续做好精装修；又要一心一意谋长远、破难题、克难关，不断取得新突破。

在充分调研基础上，我们结合新修订的人民法院组织法和法院工作实际，研究起草了“五五改革纲要”意见稿。意见稿先后提交中央司法改革领导小组会议、全国深化司法体制改革推进会、全国高级法院院长会审议，并两次征求立法机关和中央有关职能部门意见，共搜集、整理1700多条意见建议，绝大部分予以采纳吸收。2018年11月16日，周强院长主持座谈会，就纲要听取了14位知名专家学者意见。最后定稿时，我们根据中央政法工作会议精神，对照中央全面深化改革委员会第六次会议审议通过的《关于政法领域全面深化改革的实施意见》，进一步调整完善了“五五改革纲要”内容。

古语说：“举一纲而万目张”。提纲挈领，才能切中要领。“五五改革纲要”最大程度凝聚了社会各界对人民法院改革发展的期望和共识，经过了中央批准同意，是未来五年指导人民法院改革规划和实施推进的纲领性文件，也是人民法院深化司法体制综合配套改革的重要依据和关键抓手。

二、“五五改革纲要”的主要框架和基本思路

“五五改革纲要”由总体要求、主要内容和组织实施三大版块组成，其中，总体要求包括指导思想、基本原则和总体目标，组织实施提出了加强组织领导、强化主体责任、科学周密部署、加强舆论引导等具体要求，主要内容包含10个方面65项改革举措，通过科学构建坚持党的领导制度体系、服务和保障大局制度体系、以人民为中心的诉讼服务制度体系等10大体系，推动公正高效权威的中国特色社会主义司法制度更加成熟更加定型，努力让人民群众在每一个司法案件中感受到公平正义。

习近平总书记在中央政法工作会议上指出：“政法领域改革已进入系统性、整体性变革的新阶段，政法系统要在更高起点上，推动改革取得新的突破性进展。”在2月25日召开的中央全面依法治国委员会第二次会议上，习近平总书记再次强调：“改革开放越深入越要强调法治。”改革开放进入新阶段，经济发展有了新理念，就需要人民法院切实找准立足点与着力点，在更高站位、更深层次、更宽领域、以更大力度深化司法体制综合配套改革。围绕如何规划好“五五改革纲要”，我们确定了以下思路。

第一，既抓落实，又谋长远，坚持以系统集成思维深化司法改革。改革当然要求新求变，但深化司法体制综合配套改革，不是要另起炉灶，新搞一套，而是在落实好已出台改革举措的基础上，统筹推进党的十八大、十九大部署的司法体制改革任务，系统规划、一体落实。俗话说：“基础不牢，地动山摇。”

“四五改革纲要”部署的65项改革举措虽全面推开，但实事求是讲，部分举措还存在落实不到位、配套不完善、推进不系统现象。以司法责任制改革为例，尽管已在全国法院推行，但监督管理机制尚需跟进、类案同判机制还应完善、法官惩戒机制亟待健全、专业化建设需要加强，必须不断提升改革的系统性、整体性、协同性，确保责任制改革落到实处、见到实效。

所以，我们在起草“五五改革纲要”时，秉持实事求是精神，没有“遇到问题绕着走”，落实不到位的就持续抓落实，配套不完善的就着力补短板，用钉钉子精神不断深化改革。

同时，对于需要进一步攻坚克难的前沿性、瓶颈性问题，我们也纳入“五五改革纲要”统筹解决。大家可以看到，纲要中有很多首次出现的新表述、新举措，如“推动将具有普遍法律适用指导意义、关乎社会公共利益的案件交由较高层级法院审理”“探索扩大小额诉讼程序和独任制适用范围”“优化司法确认程序”“诉源治理”“搭建全国统一的电子送达平台”“推动建立域外送达网络平台”“研究推动建立个人破产制度”“加强人民法院政务标准化建设”，等等。

第二，问题导向，锐意创新，充分吸收行之有效的基层探索实践。司法改革要想“接地气”，必须确保基层能用、好用管用。从这些年深化改革的经验来看，基层面临的困难最多、压力最大，改革创新的愿望最迫切、动力最强劲。可以说，改革的源头活水在基层，创新的澎湃动力也在基层。所以，我们一方面要发挥顶层设计的引领作用，同时要充分发挥基层探索的探路作用。

起草“五五改革纲要”过程中，我们非常注重提炼、挖掘各地法院有复制、推广价值的创新举措，推动将有益经验上升为普遍长远的制度设计。如北京法院的集约化送达、上海法院的智能辅助办案、天津法院的审务政务标准化、浙江法院的“移动微法院”、苏州法院的语音识别智能运用、成都法院的庭审实质化和实习助理、深圳法院的“执转破”工作和购买社会化服务机制等等。这些源自基层、行之有效的探索实践，都被纲要纳入推广规划。

第三，遵循规律，依法有序，坚持按法治要求健全完善司法制度。深化司法体制综合配套改革，是国家层面的战略统一规划，不是法院单兵突进。“五五改革纲要”是法院系统的改革规划，贯彻实施的对象是最高人民法院、地方各级人民法院和专门人民法院，所以，对于涉及立法机关、中央其他部委职能权限的内容，纲要一般使用“配合”“推动”等表述。对于需要实践检验或试点探路的内容，纲要原则使用“研究”“探索”等表述。对于涉及调整适用相关法律的改革举措，我们也将严格遵循“重大改革于法有据”原则，在取得立法机关法律授权后，再探索开展试点。

三、“五五改革纲要”的特点和亮点

“五五改革纲要”提出构建的10大体系，涉及人民法院工作机制、诉讼程序、队伍建设、科技创新等各个层面，具有以下特点和亮点。

一是旗帜鲜明讲政治。中国共产党领导是中国特色社会主义最本质的特征。只有坚持党对人民法院工作的绝对领导，才能确保司法改革始终沿着正确方向前进。“五五改革纲要”将构建人民法院坚持党的领导制度体系放在主要内容第一部分，旗帜鲜明把党的政治建设摆在首位，确保党的领导和党的建设统领人民法院司法改革全领域、贯穿司法改革全过程，推动实现党的组织覆盖审判执行工作基本单元。我们将按照政治、业务、责任、纪律、作风“五个过硬”的要求，严格把握政治方向，持之以恒正风肃纪，打造忠诚干净担当的高素质专业化法院队伍。

二是立足本位谋大局。习近平总书记要求政法系统在更高起点上推动改革取得新的突破性进展。这里的“更高起点”，就是要求我们弘扬伟大的改革开放精神，审时度势、立足本位、提升站位，为推动形成更高层次改革开放新格局提供优质司法保障、营造良好法治环境。2018年10月31日，世界银行发布了最新营商环境排名，我国从之前的第78位跃升至第46位，提升了32名。其中，与法院工作密切相关的“执行合同”指标排在全球第6位，司法程序质量指标位列世界第1。这充分说明，强化司法公开、司法效能和司法公信，本身就是优化法治营商环境的有力举措。正如习近平总书记在中央全面依法治国委员会第二次会议上指出的：“法治是最好的营商环境。”人民法院只要找准立足点和着力点，严格司法、厉行法治，就能够深度融入服务国家重大战略工作。

从整体上看，“五五改革纲要”本身就是贯彻中央“四个全面”战略部署的重要组成部分。在具体举措上，围绕共建“一带一路”战略，纲要提出依托最高人民法院国际商事法庭，完善调解、仲裁、诉讼相互衔接的“一站式”

国际商事纠纷解决平台；围绕粤港澳大湾区建设，纲要提出完善与港澳特区民商事司法协助体系，健全相互认可和执行民商事案件判决机制；围绕供给侧结构性改革，纲要提出进一步完善执行转破产机制，加强破产审判专业化建设，今年年初已推动在北京、上海、深圳设立了破产法庭。服务和保障大局的相关举措，都在纲要主要内容第二部分作了详细部署。

三是紧扣重点抓配套。"五五改革纲要"的正式名称是《关于深化人民法院司法体制综合配套改革的意见》。既然强调"综合配套改革"，就要在改革的整体性、系统性、协同性上下功夫，理顺整体改革与特定举措、基础工程与精细装修、前序突破与后续跟进、关联举措与制度呼应之间的关系，不断激发改革的"联动效益"和"共生效应"，避免改革举措各自为战、顾此失彼。"五五改革纲要"在谋篇布局上，将系统集成作为重要原则，注重整体关联性、层次结构性、先后时序性，确保各项改革相互促进、良性互动、协同配合，提升改革整体效能。

以完善人民法院组织体系和机构职能体系为例，无论是完善与行政区划适当分离的司法管辖制度，还是深化人民法院内设机构改革，与各级人民法院的审级职能都有重要关联，所以我们将优化四级法院审级职能放在这部分改革重要位置，推动将具有普遍法律适用指导意义、关乎社会公共利益的案件交由较高层级法院审理，充分发挥审级制度诉讼分流、职能分层和资源配置的功能，同时盘活带动组织体系、内设机构改革再优化、再升级。

再比如，法官实行员额制和单独职务序列后，员额法官的选任、交流、退出机制和配套生活待遇保障均亟待完善，审判辅助人员和司法行政人员的职业通道也需要进一步拓宽，"五五改革纲要"对上述问题均作出回应，确保人民法院各类人员职能分工明晰、职业前景明确、职业保障到位，为全面推进人民法院队伍革命化、正规化、专业化、职业化建设夯实基础。

四是着眼长远定制度。第十三届全国人民代表大会常务委员会第六次会议修订通过的《中华人民共和国人民法院组织法》，从立法层面巩固了深化司法体制改革成果，进一步规范了人民法院的组织体系、机构设置、管理体制、队伍建设和履职保障。《中华人民共和国法官法》也已启动立法修订程序。事实上，除人民法院组织法、法官法外，一些前期实践证明可行的做法，也有必要逐步固定成型，形成长效机制，为促进审判体系和审判能力现代化提供制度支撑。

例如，深化司法公开是党的十八大以来人民法院改革成效最显著的举措之一，“五五改革纲要”在建设完善审判流程公开、庭审活动公开、裁判文书公开、执行信息公开四大平台基础上，进一步提出要构建更加开放、动态、透明、便民的阳光司法制度体系，确保这项改革行稳致远，正面延伸效应不断扩大。

还比如，“五五改革纲要”在“基本解决执行难”工作基础上，进一步提出要推动完善和发展中国特色社会主义现代化执行制度，构建切实解决执行难的长效制度体系。

五是科技驱动助改革。过去，很多改革设想很好，但缺乏技术支撑，影响了落地效果。党的十八大以来，我们牢牢把握住新一轮科技革命历史机遇，大数据、云计算、人工智能、区块链等现代科技手段，都陆续被运用到审判执行、司法改革工作中，发挥了重要作用。“五五改革纲要”在前期工作基础上，提出要构建中国特色社会主义现代化智慧法院应用体系，不断破解改革难题、提升司法效能。我们一方面要依托北京、杭州、广州三个互联网法院，探索推进“网上纠纷网上审”的互联网诉讼新模式，一方面要推动语音识别、图文识别、语义识别、智能辅助办案、区块链存证、常见纠纷网上数据一体化处理等科技创新手段深度运用，不断提升移动电子诉讼的覆盖范围、适用比例和应用水平，最终目标是探索构建适应互联网时代需求的新型管辖规则、诉讼规则，推动审判方式、诉讼制度与互联网技术深度融合。

四、“五五改革纲要”的组织实施

“五五改革纲要”虽然是未来五年的改革规划，但推进落实的任务非常紧迫。按照中央关于政法领域全面深化改革的部署，最高人民法院牵头的改革任务，绝大多数要在2020年完成。习近平总书记最近也在中央深改委第六次会议上指出，要对标到2020年在重要领域和关键环节改革上取得决定性成果，继续打硬仗，啃硬骨头，确保干一件成一件。所以，从纲要发布之日起，各项工作就得紧锣密鼓开展起来，努力把“规划图”变成“施工图”，把“时间表”变成“计程表”，确保改革落地见效。具体做法是：

一是抓统筹规划。我们已将“五五改革纲要”确定的65项改革举措分解为160多项改革任务，进行项目式、台账式管理。每项任务都明确牵头单位、责任人员、主要内容、时间节点和成果形式。“改革精装修”贵在“精”字，要求精确切中要害，精巧把握方法，精细对症下药，精准解决问题。按习近平总书记的要求，就是要“画好工笔画”。我们在确定进度安排和逻辑顺序时，统筹考虑了各种关系，努力做到全局和局部相配套、治本和治标相结合、渐进和突破相衔接，确保有重点、有步骤、有秩序地推进改革任务落实。

二是抓试点推进。党的十八大以来，根据中央统一部署，全国分三个批次推开了以司法责任制为核心的四项基础性改革试点。如今，具备“四梁八柱”性质的改革主体框架已经形成，但一些前沿性改革举措，仍需以试点方式探索。下一步，我们将逐项梳理需要开展试点的举措，涉及立法调整的，及时向立法机关申请授权，可以自行开展的，抓紧科学周密部署。在选取试点法院时，我们将统筹考虑工作基础、区域分布、审级职能、人案结构，体现代表性、差异性、示范性，配套建立动态调整和退出机制，避免试点过于集中或过多过滥，也防止“一试就灵，一推就乱”。

三是抓评估问效。有句话说得好，“文件下发了”不代表工作落实了，“会议研究了”不等于问题解决了，改革举措有没有落地、改革成果有没有见效，不光看发了多少文件、开了多少会，关键还是要抓落实，要看人民群众的获得感、幸福感、安全感是否切实增强。2015年以来，最高人民法院由院领导带队，每年组织一到两次改革督察，聚焦重点、覆盖全国，每年召开一次司法改革推进会，通报情况，推进落实。下一步，我们将进一步完善评估办法，坚决不搞机械式、过场式督察检查，坚决防止将简单转发照搬上级文件作为落实举措。同时，还将在定期发布司法改革案例、司法改革热点问题问答基础上，进一步完善政策解读机制，加强舆论引导，推动广大人民群众和法院干警理解改革、支持改革、投身改革。

以上是关于“五五改革纲要”的介绍。《中国法院的司法改革（2013—2018）》白皮书的书面版已发给大家，中英文双语文本可以在最高人民法院官网、官微下载。谢谢大家。

最高人民法院司改办负责人就“五五改革纲要”答记者问

2019 年 2 月 27 日，最高人民法院召开“五五改革纲要”暨中国法院司法改革白皮书新闻发布会。会上，最高人民法院司法改革领导小组办公室主任胡仕浩就“四五改革纲要”的推进落实情况、院庭长权力清单、智慧法院建设等问题回答了记者提问。

久久为功传承“四五改革纲要”

问：“五五改革纲要”与“四五改革纲要”之间有什么关系？请简要介绍“四五改革纲要”的推进落实情况。

答：两个纲要一脉相承，都源自党中央在新时代关于司法体制改革的统一决策部署，都坚持以习近平新时代中国特色社会主义思想为指导思想，都保持了问题导向和目标导向，都是以让人民群众在每一个司法案件中感受到公平正义为根本目标。

截至 2018 年底，“四五改革纲要”确定的 65 项改革举措都已全面推开，涉及改革文件 256 件、重大改革试点 24 项，11 项改革成果转化为法律规定。通过推进“四五改革纲要”，新时代人民法院司法体制改革主体框架已搭建完成，重大改革领域均取得实质性突破。一是以司法责任制为核心的审判权力运行体系初步建立。全国法院从原来的 21 万名法官中遴选产生 12.5 万名员额法官，队伍革命化、正规化、专业化、职业化水平进一步提升。二是人民法院组织体系和机构职能体系进一步优化。截至 2018 年底，最高人民法院 6 个巡回法庭共审结案件33335件，占本院结案总数的50.35%，累计接待群众来访11.7万人次，被誉为“老百姓家门口的最高人民法院”。三是以人民为中心的司法为民机制实现创新发展：司法公开全方位深化、全面实行立案登记制、诉讼服务持续优化升级、“执行难”问题得到有效破解。

“五五改革纲要”在完成“四五改革纲要”确定的建立中国特色社会主义审判权力运行体系基础上，提出要在更高站位、更深层次、更宽领域、以更大力度深化新时代人民法院司法体制综合配套改革。未来五年，人民法院将着力打造民生司法保障网的“升级版”，搭建更加普惠均等、便捷高效、智能精准的诉讼服务制度体系，切实减轻人民群众诉累；健全更加优化协同高效的组织体系和机构职能体系，切实提升审判质量、效率和公信力，免除人民对司法不公的担忧；健全更加开放、动态、透明、便民的阳光司法制度体系，完善配置多层次的诉讼制度体系，确保人民群众不仅能够公正获得诉讼利益，并且可以尽快实现。

明确院庭长权力清单杜绝灯下黑

问：请问如何科学理解司法责任制改革中放权与监督的关系？

答：司法责任制改革是司法改革必须牢牢牵住的“牛鼻子”，是深化司法改革的核心和关键，是审判权力运行体系的一次深刻变革。2015年9月，最高人民法院印发了关于完善人民法院司法责任制的若干意见，初步构建了“让审理者裁判，由裁判者负责”的制度框架。随后，又针对法官惩戒、履职保障、院庭长办案、审判监督管理、辅助人员配备等方面，相继出台了配套性文件。2018年12月，按照党的十九大部署，结合推进改革中出现的新情况新问题，最高人民法院又印发了关于全面落实司法责任制的实施意见，进一步细化政策、明确要求、完善配套。

对司法责任制的认识，应当结合我国宪法法律和司法改革具体要求。这里的“责任”，既包括法官的个人责任，也包括合议庭、审判委员会的集体责任；既包括审判组织的违法审判责任，也包括院长、庭长的审判监督管理责任。按照司法责任制改革文件的规定，对于“四类案件”，院长、庭长有权要求独任法官或合议庭报告案件进展和评议结果，并视情决定是否将案件提交主审法官会议、审判委员会讨论。对于审判质效、办案程序、纪律作风中存在的问题，院长、庭长应当依职权提出监督纠正意见，绝不允许放权后出现“灯下黑”问题。院长、庭长在权力清单范围内，按程序履行监督管理职责的，不属于不当过问或干预案件；相反，院长、庭长该管的不会管、不愿管、不敢管，怠于行使监督管理权，造成严重后果的，应当追究其相应责任。

问：请解释一下院庭长权力清单。最高人民法院下一步是否会制定关于院庭长权力清单和责任清单方面的文件？

答：权力清单，是法律为肩负特定职权的部门或人员确定的权力边界，涉及职权依据、行使主体、运行流程等。为确保权责一致，一般都会有对应的责任清单。正面清单规定应当做什么，负面清单规定不能做什么。健全人民法院院庭长的权力清单和责任清单制度，就是要明确院庭长依法行使职权的边界和责任。有了清单，院庭长能管什么、该管什么、凭什么管、什么时候管、不管会有什么后果，都一目了然、有章可循。改革在不断深入，对司法责任制改革的认识，也要有一个逐步深化的过程。既要强调院庭长不能做什么，也要明确院庭长应当做什么，只有从正反两个方面把规矩讲清楚，才能确保改革蹄疾步稳。

“五五改革纲要”提出，要“明确院长、庭长的权力清单和监督管理职责，健全履职指引和案件监管的全程留痕制度”。下一步，最高人民法院将在充分总结各地经验基础上，进一步细化完善院庭长权力清单和责任清单，制定出台更加精细化、更具操作性的文件，确保院庭长依法履职，责任制落实到位。总的思路是：第一，坚持于法有据。严格以人民法院组织法、法官法和三大诉讼法等法律为依据，依法设置权责，合理划定边界。第二，坚持监督有序。权力、责任清单的范围应当遵循司法规律，符合改革精神，不能用行政命令式的手段规制审判权力，不能超越职权直接改变审判组织的结论。三是坚持全程留痕。所有审判监督管理行为都应当可记录、可查询、可追溯，不能脱离主审法官会议、审判委员会等制度平台或办案平台任意表态。四是坚持权责统一。权力清单应当与责任清单逐项对应，不允许有不受责任制约的特权，科学构建“有权必有责、用权必担责、失职必问责、滥权必追责”的审判权力运行体系。既要鼓励法官担当作为，也要约束权力的任性妄为，惩戒失职渎职行为。

扩大互联网法院试点效应和示范效果

问：近几年，大数据、人工智能等现代技术运用日趋广泛，“五五改革纲要”在推动审判方式、诉讼模式和互联网技术深度融合方面，有哪些具体考虑？

答：“五五改革纲要”在充分总结吸收各地法院探索实践的基础上，确定了以下改革思路：

一是依托互联网法院深化改革试点。杭州、北京、广州互联网法院的探索有力推动了网络空间治理法治化。下一步，我们将按照互联网案件特点，完善互联网法院管辖范围和诉讼规则，改造优化电子诉讼平台，扩大互联网法院的试点效应和示范效果。

二是在全国范围内有序推广在线诉讼。自2019年起，最高人民法院将积极总结三家互联网法院和浙江“移动微法院”等实践经验，充分利用我国移动互联网普及应用的先发优势，进一步提升电子诉讼在全国法院的覆盖范围、适用比例和应用水平。逐步实现在线立案、在线缴费、电子送达三类应用覆盖全国法院，打造世界领先的移动诉讼服务体系。

三是推动以立法方式构建电子诉讼制度。去年9月，最高人民法院印发了互联网法院办理案件的司法解释。其中一条规定，经征得当事人同意，互联网法院可以电子送达裁判文书。司法解释公布后，许多法院提出申请，希望也能适用这一条，原因当然是电子送达裁判文书效率更高、效果更好。但我们也明确告诉他们，这些前沿性举措目前只能在三家互联网法院先试先行，看能不能既便利当事人，也有效保障其诉讼权益，兼顾效率和公正。如果试点证明可行，我们会提出构建适应互联网时代需求的新型管辖规则、诉讼规则，探索建立涵盖管辖、立案、庭审、送达、执行等全部流程的电子诉讼制度，推动民事诉讼法修改完善，让所有当事人都成为改革受益者。

最高人民法院　中华全国工商业联合会
印发《关于发挥商会调解优势推进民营经济领域纠纷多元化解机制建设的意见》的通知

2019年1月14日　　法〔2019〕11号

各省、自治区、直辖市高级人民法院、工商联，新疆维吾尔自治区高级人民法院生产建设兵团分院、新疆生产建设兵团工商联：

为深入贯彻落实习近平新时代中国特色社会主义思想，运用法治手段服务保障民营经济健康发展，构建共建共治共享的社会治理格局，现将《关于发挥商会调解优势　推进民营经济领域纠纷多元化解机制建设的意见》予以印发，请认真贯彻执行。各地可结合实际，制定具体实施意见。执行过程中遇到的问题，请及时层报最高人民法院、全国工商联。

关于发挥商会调解优势　推进民营经济领域纠纷多元化解机制建设的意见

为深入贯彻落实习近平新时代中国特色社会主义思想，运用法治手段服务保障民营经济健康发展，构建共建共治共享的社会治理格局，根据中共中央办公厅、国务院办公厅《关于完善矛盾纠纷多元化解机制的意见》《关于促进工商联所属商会改革和发展的实施意见》和最高人民法院《关于人民法院进一步深化多元化纠纷解决机制改革的意见》，现就发挥商会调解优势，加强诉调对接工作，推进民营经济领域纠纷多元化解机制建设提出如下意见。

1. 充分认识推进民营经济领域纠纷多元化解机制建设的重要意义。深刻领会习近平总书记在民营企业座谈会上的重要讲话精神，充分发挥商会调解化解民营经济领域纠纷的制度优势。完善商会职能，提升商会服务能力，培育和发展中国特色商会调解组织；促进和引导民营企业依法经营、依法治企、依法维权，促进产权平等保护，激发和弘扬企业家精神；推动商人纠纷商会解，协同参与社会治理；优化司法资源配置，营造良好的法治营商环境，为民营经济健康发展提供司法保障。

2. 工作目标。加强商会调解组织和调解员队伍建设，健全完善商会调解制度和机制，为企业提供多元的纠纷解决渠道。进一步转变司法理念，发挥司法在商会纠纷化解中的引领、推动和保障作用，满足民营企业纠纷多元化解、快速化解和有效化解的实际需求，为民营企业创新创业营造良好法治环境。建立健全商会调解机制与诉讼程序有机衔接的纠纷化解体系，不断提升工商联法律服务能力，促进民营经济健康发展。

3. 明确商会调解范围。商会调解以民营企业的各类民商事纠纷为主，包括商会会员之间的纠纷，会员企业内部的纠纷，会员与生产经营关联方之间的纠纷，会员与其他单位或人员之间的纠纷，以及其他涉及适合商会调解的民商事纠纷。

4. 强化商会调解纠纷功能。工商联加强对所属商会的指导、引导和服务，支持商会依照法律法规及相关程序设立调解组织、规范运行，使调解成为化解民营经济领域矛盾纠纷的重要渠道。支持商会建立人民调解委员会，为企业提供基础性公益性纠纷解决服务。支持企业、商会建立劳动争议调解组织，及时化解劳动争议，维护劳动关系的和谐稳定。鼓励行业商会组织发挥自身优势，建立专业化的行业调解组织。鼓励具备条件的商会设立商事调解组织，发挥商事调解组织化解专业纠纷的重要作用。商会设立的商事调解组织应当在省级工商联和全国工商联备案。

5. 主动预防化解矛盾纠纷。各级工商联及所属商会要加强法律服务平台（中心）建设，完善维权援助机制，鼓励有条件的企业设立法务部门、公司律师或聘请法律顾问，形成协调联动的法律服务力量。通过普法宣传、典型案例等形式，主动对企业、行业纠纷进行排查、监测和预警，加强矛盾纠纷源头治理。强化行业自律和行业治理，将诚实信用、公平竞争、和合共赢等理念纳入商会章程、企业合同条款，督促自觉履行生效裁决或调解协议。

6. 规范商会调解组织运行。商会调解组织由工商联或所属商会根据需要设立，应具有规范的组织形式、固定的办公场所及调解场地、专业的调解人员和健全的调解工作制度。商会调解组织应当吸纳符合条件的优秀企业家、商会人员、法律顾问、行业专家、律师、工会代表以及其他社会人士担任调解员。对外公布商会调解组织和调解员名册、调解程序以及调解规则。规范纠纷流程管理，完善调解与诉讼衔接程序，建立纠纷受理、调解、履行、回访以及档案管理、信息报送、考核评估等制度，注重保护当事人隐私和商业秘密，切实维护双方当事人权益，不断增强商会调解的规范性和公信力。全国工商联法律维权服务中心加强纠纷调解职能，推动横向联通、纵向联动，共同推动商会调解工作。

7. 完善诉调对接机制。人民法院吸纳符合条件的商会调解组织或者调解员加入特邀调解组织名册或者特邀调解员名册。名册实行动态更新和维护，并向当事人提供完整、准确的调解组织和调解员信息，供当事人选择。落实委派调解和委托调解机制，加强与商会调解组织对接工作，探索设立驻人民法院调解室。加强诉讼与非诉讼解决方式的有机衔接，引导当事人优先选择商会调解组织解决纠纷。

8. 强化司法保障作用。经调解达成的调解协议，具有法律约束力，当事人应当按照约定履行。能够即时履行的，调解组织应当督促当事人即时履行。当事人申请司法确认的，人民法院应当及时审查，依法确认调解协议的效力。人民法院在立案登记后委托商会调解组织进行调解达成协议的，当事人申请出具调解书或者撤回起诉的，人民法院应当依法审查并制作民事调解书或者裁定书。对调解不成的纠纷，依法导入诉讼程序，切实维护当事人的诉权。

9. 建立信息共享机制。人民法院与工商联建立联席会议机制，加强工作沟通交流。完善信息互通和数据共享，建立相关信息和纠纷处理的工作台账，通过挖掘分析数据，研判纠纷类型特点、规律和问题，为更好地推进商会调解、做好纠纷预防提供数据支撑。

10. 强化指导培训。完善商会调解员培训机制，制定调解员职业道德规范，通过调解培训、座谈研讨、观摩庭审、法律讲座等方式，不断提高调解员职业修养、法律素养、专业知识和调解技能；加强调解员队伍建设，推动建立调解员资格认定和考核评估机制，完善调解员管理。

11. 完善经费保障。积极争取党委政府支持，将调解经费作为法律服务内容列入财政预算，推动将商会调解作为社会管理性服务内容纳入政府购买服务指导性目录。拓宽商会调解经费来源，通过商会会费、社会捐赠资助或设立基金等方式，提高经费保障水平。落实特邀调解制度，通过“以案定补”等方式向参与委派委托调解的调解员发放补贴，对表现突出的商会调解组织、调解员给予奖励。

12. 探索创新发展。借助“网上工商联”建设，整合工商联及所属商会的调解资源，建立各类调解组织、调解员数据库、纠纷化解信息库，构建相互贯通、资源共享、安全可靠的矛盾纠纷化解信息系统。创新开展在线解决纠纷，完善在线调解程序。支持地方各级工商联及其所属商会参与“一带一路”国际商事争端预防与解决机制建设，为民营企业走出去提供服务和保障。

13. 加强宣传引导。各级人民法院、工商联及所属商会应当充分运用各种传媒手段，宣传调解优势，总结推广商会调解典型案例和先进经验，引导企业防范风险，理性维权。

14. 加强组织领导。各级人民法院和工商联要大力支持商会调解工作，将其作为保障民营经济健康发展的重要举措，作为构建社会矛盾纠纷多元化解格局的重要内容，结合当地实际，把握政策精神，抓好贯彻落实。各高级人民法院和省级工商联及所属商会要对辖区内商会调解组织的工作加强指导，建立完善联络沟通机制，工作中遇到的情况和问题，及时层报最高人民法院和全国工商联。

最高人民法院、全国工商联相关负责人就《关于发挥商会调解优势　推进民营经济领域纠纷多元化解机制建设的意见》答记者问

2019年1月，最高人民法院和全国工商联印发了《关于发挥商会调解优势　推进民营经济领域纠纷多元化解机制建设的意见》（以下简称《意见》）。为此，记者采访了最高人民法院司改办和全国工商联法律部负责人。

工商联系统各类商会调解组织约1520家

问：《意见》出台的背景和意义是什么？

答：党的十九大报告提出，要打造共建共治共享的社会治理格局，强调加强预防和化解社会矛盾机制建设，正确处理人民内部矛盾。中共中央办公厅、国务院办公厅《关于完善矛盾纠纷多元化解机制的意见》《关于促进工商联所属商会改革和发展的实施意见》，强调支持商会参与纠纷调解。2018年11月1日，习近平总书记在民营企业座谈会上充分肯定了民营经济的重要地位和作用，明确提出了大力支持民营企业发展壮大的六项政策举措。最高人民法院党组召开会议，要求人民法院充分运用司法手段为民营经济发展提供有力司法服务和保障。全国工商联认真组织各级工商联干部和广大民营企业家深入学习领会讲话精神，将政策举措进行任务分解，加强与中央有关单位的协调联动，推动各项举措落地落细。

最高人民法院与全国工商联在推进民营经济领域纠纷多元化解机制建设方

面有着良好的基础。2012 年，双方共同开展矛盾纠纷化解机制课题研究。2013 年，双方共同部署在全国 16 个省、21 家单位开展了商会调解试点。2014 年以来，全国工商联法律部与最高人民法院司改办始终保持密切联系，不断总结交流试点工作。这次双方共同印发《意见》是总结试点探索经验，完善民营经济保护的务实举措。

《意见》对发挥商会调解优势，推进民营经济领域纠纷多元化解机制建设具有重要意义。工商联所属商会是以非公有制企业和非公有制经济人士为主体，自愿组建、自筹经费、自主管理的社会组织，具有统战性、经济性、民间性，在化解民营经济领域纠纷方面具有制度优势。《意见》要求各级工商联加强商会调解组织建设，规范商会调解组织运行。目前，各级工商联组织 3400 多家，所属商会组织 4.7 万个，工商联系统各类商会调解组织约 1520 家。《意见》的出台对完善商会职能，提升商会服务能力，培育和发展中国特色商会调解组织，推进商会建设具有积极意义。《意见》要求人民法院建立诉调对接平台，为商会调解发挥司法保障作用，有利于优化司法资源配置，营造良好法治营商环境。《意见》鼓励商会发挥职能优势，引导民营企业选择调解方式解决纠纷，推动民营企业依法经营、依法治企、依法维权，促进产权平等保护，进一步激发和弘扬企业家精神。《意见》旨在建立健全商会调解机制与诉讼程序有机衔接的纠纷化解体系，推动商人纠纷商会解，协同参与社会治理，为民营经济健康发展提供司法保障。

商会调解以民营企业各类民商事纠纷为主

问：《意见》在商会调解范围、调解组织设立等方面有哪些规定？

答：《意见》明确了商会调解范围，指出商会调解以民营企业的各类民商事纠纷为主，包括商会会员之间的纠纷，会员企业内部的纠纷，会员与生产经营关联方之间的纠纷，会员与其他单位或人员之间的纠纷以及其他涉及适合商会调解的民商事纠纷。

《意见》要求工商联加强对所属商会的指导、引导和服务，支持商会依照法律法规及相关程序设立调解组织，规范调解组织运行方式，使调解成为化解民营经济领域矛盾纠纷的重要渠道。

《意见》支持商会设立人民调解委员会，作为人民调解工作在民营经济领域的延伸拓展。《意见》支持企业、商会建立劳动争议调解组织，及时化解劳动争议，维护和谐稳定。鼓励行业商会组织发挥自身优势，建立专业化的行业调解组织。《意见》鼓励具备条件的商会设立商事调解组织，发挥商事调解组织化解专业纠纷的重要作用，要求商会设立商事调解组织应当在省级工商联和全国工商联备案。支持地方各级工商联及其所属商会参与"一带一路"国际商事争端预防与解决机制建设，为民营企业走出去提供服务和保障。

问：《意见》如何规范商会调解组织运行？

答：《意见》规定商会调解组织由工商联或所属商会根据需要设立，应具有规范的组织形式、固定的办公场所及调解场地、专业的调解人员和健全的调解工作制度。商会调解组织应当吸纳符合条件的优秀企业家、商会人员、法律顾问、行业专家、律师、工会代表以及其他社会人士担任调解员。《意见》要求商会调解组织应当对外公布商会调解组织和调解员名册、调解程序以及调解规则。调解组织应当规范纠纷流程管理，完善调解与诉讼衔接程序，建立纠纷受理、调解、履行、回访以及档案管理、信息报送、考核评估等制度，商会调解组织及调解员在调解过程中应当注重保护当事人隐私和商业秘密，切实维护双方当事人权益，不断增强商会调解的规范性和公信力。全国工商联法律维权服务中心应当加强纠纷调解职能，推动横向联通、纵向联动，共同推动商会调解工作。

积极发挥司法的引领推动和保障作用

问：人民法院如何为商会调解工作提供司法保障？

答：《意见》鼓励各级人民法院在为民营经济发展营造良好法治环境方面有所作为，积极发挥司法的引领、推动和保障作用。一要加强平台建设，为法院与商会调解组织对接创造良好的条件。各级人民法院要吸纳符合条件的商会调解组织或者调解员加入特邀调解组织名册或者特邀调解员名册，加强诉调对接工作，探索设立驻人民法院调解室，为商会调解提供工作场所。

二要完善司法确认工作，为商会调解提供效力保障。当事人申请司法确认的，应当及时审查，依法确认。有条件的要积极开通在线调解平台，实现在线申请、在线确认，以提高工作效率。

三要加强制度建设，为诉讼与商会调解的衔接提供制度保障。要积极引导当事人选择非诉调解的方式解决纠纷，落实委派调解和委托调解机制，将适宜调解的纠纷分流至商会调解组织或者调解员。对于调解不成或者当事人不同意调解的，依法导入诉讼程序，切实维护当事人的诉权。

问：如何为商会调解工作提供保障？

答：一是加强信息保障。借助“网上工商联”建设，整合工商联及所属商会的调解资源，建立各类调解组织、调解员数据库、纠纷化解信息库，构建相互贯通、资源共享、安全可靠的矛盾纠纷化解信息系统。创新开展在线解决纠纷，完善在线调解程序。人民法院与工商联建立联席会议机制，加强沟通交流。完善信息互通和数据共享，建立相关信息和纠纷处理的工作台账，通过挖掘分析数据，研判纠纷类型特点、规律和问题，为更好地推进商会调解、做好纠纷预防提供数据支撑。

二是加强人员保障。《意见》要求完善商会调解员培训机制，制定调解员职业道德规范，不断提高调解员职业修养、法律素养、专业知识和调解技能。加强调解员队伍建设，推动建立调解员资格认定和考核评估机制，完善调解员管理。

三是完善经费保障。《意见》要求工商联积极争取党委政府支持，将调解经费作为法律服务内容列入财政预算，推动将商会调解作为社会管理性服务内容纳入政府购买服务指导性目录。人民法院要落实特邀调解制度，通过“以案定补”等方式向参与委派委托调解的调解员发放补贴，对表现突出的商会调解组织、调解员给予奖励。

四是加强组织保障。《意见》要求各级人民法院和工商联要大力支持商会调解工作，将其作为保障民营经济健康发展的重要举措，作为构建社会矛盾纠纷多元化解格局的重要内容，结合当地实际，把握政策精神，抓好贯彻落实。各高级人民法院和省级工商联及所属商会要对辖区内商会调解组织的工作加强指导。充分运用各种传媒手段，宣传调解优势，总结推广商会调解典型案例和先进经验，引导企业防范风险，理性维权。

最高人民法院
关于发布第21批指导性案例的通知

2019年2月25日　　　　法〔2019〕3号

各省、自治区、直辖市高级人民法院，解放军军事法院，新疆维吾尔自治区高级人民法院生产建设兵团分院：

经最高人民法院审判委员会讨论决定，现将中化国际（新加坡）有限公司诉蒂森克虏伯冶金产品有限责任公司国际货物买卖合同纠纷案等六个案例（指导案例107—112号），作为第21批指导性案例发布，供在审判类似案件时参照。

指导案例107号

中化国际（新加坡）有限公司诉蒂森克虏伯冶金产品有限责任公司国际货物买卖合同纠纷案

（最高人民法院审判委员会讨论通过　2019年2月25日发布）

关键词　民事/国际货物买卖合同/联合国国际货物销售合同公约/法律适用/根本违约

裁判要点

1. 国际货物买卖合同的当事各方所在国为《联合国国际货物销售合同公约》的缔约国，应优先适用公约的规定，公约没有规定的内容，适用合同中约定适用的法律。国际货物买卖合同中当事人明确排除适用《联合国国际货物销售合同公约》的，则不应适用该公约。

2. 在国际货物买卖合同中，卖方交付的货物虽然存在缺陷，但只要买方经过合理努力就能使用货物或转售货物，不应视为构成《联合国国际货物销售合同公约》规定的根本违约的情形。

相关法条

《中华人民共和国民法通则》第一百四十五条

《联合国国际货物销售合同公约》第1条、第25条

基本案情

2008年4月11日，中化国际（新加坡）有限公司（以下简称中化新加坡公司）与蒂森克虏伯冶金产品有限责任公司（以下简称德国克虏伯公司）签订了购买石油焦的《采购合同》，约定本合同应当根据美国纽约州当时有效的法律订立、管辖和解释。中化新加坡公司按约支付了全部货款，但德国克虏伯公司交付的石油焦HGI指数仅为32，与合同中约定的HGI指数典型值为36至46之间不符。中化新加坡公司认为德国克虏伯公司构成根本违约，请求判令解除合同，要求德国克虏伯公司返还货款并赔偿损失。

裁判结果

江苏省高级人民法院一审认为，根据《联合国国际货物销售合同公约》的有关规定，德国克虏伯公司提供的石油焦HGI指数远低于合同约定标准，导致石油焦难以在国内市场销售，签订买卖合同时的预期目的无法实现，故德国克虏伯公司的行为构成根本违约。江苏省高级人民法院于2012年12月19日作出（2009）苏民三初字第0004号民事判决：一、宣告德国克虏伯公司与中化新加坡公司于2008年4月11日签订的《采购合同》无效。二、德国克虏伯公司于本判决生效之日起三十日内返还中化新加坡公司货款2684302.9美元并支付自2008年9月25日至本判决确定的给付之日的利息。三、德国克虏伯公司于本判决生效之日起三十日内赔偿中化新加坡公司损失520339.77美元。

宣判后，德国克虏伯公司不服一审判决，向最高人民法院提起上诉，认为一审判决对本案适用法律认定错误。最高人民法院认为一审判决认定事实基本清楚，但部分法律适用错误，责任认定不当，应当予以纠正。最高人民法院于2014年6月30日作出（2013）民四终字第35号民事判决：一、撤销江苏省高级人民法院（2009）苏民三初字第0004号民事判决第一项。二、变更江苏省

高级人民法院（2009）苏民三初字第0004号民事判决第二项为德国克虏伯公司于本判决生效之日起三十日内赔偿中化新加坡公司货款损失1610581.74美元并支付自2008年9月25日至本判决确定的给付之日的利息。三、变更江苏省高级人民法院（2009）苏民三初字第0004号民事判决第三项为德国克虏伯公司于本判决生效之日起三十日内赔偿中化新加坡公司堆存费损失98442.79美元。四、驳回中化新加坡公司的其他诉讼请求。

裁判理由

最高人民法院认为，本案为国际货物买卖合同纠纷，双方当事人均为外国公司，案件具有涉外因素。《最高人民法院关于适用〈中华人民共和国涉外民事关系法律适用法〉若干问题的解释（一）》第二条规定："涉外民事关系法律适用法实施以前发生的涉外民事关系，人民法院应当根据该涉外民事关系发生时的有关法律规定确定应当适用的法律；当时法律没有规定的，可以参照涉外民事关系法律适用法的规定确定。"案涉《采购合同》签订于2008年4月11日，在《中华人民共和国涉外民事关系法律适用法》实施之前，当事人签订《采购合同》时的《中华人民共和国民法通则》第一百四十五条规定："涉外合同的当事人可以选择处理合同争议所适用的法律，法律另有规定的除外。涉外合同的当事人没有选择的，适用与合同有最密切联系的国家的法律。"本案双方当事人在合同中约定应当根据美国纽约州当时有效的法律订立、管辖和解释，该约定不违反法律规定，应认定有效。由于本案当事人营业地所在国新加坡和德国均为《联合国国际货物销售合同公约》缔约国，美国亦为《联合国国际货物销售合同公约》缔约国，且在一审审理期间双方当事人一致选择适用《联合国国际货物销售合同公约》作为确定其权利义务的依据，并未排除《联合国国际货物销售合同公约》的适用，江苏省高级人民法院适用《联合国国际货物销售合同公约》审理本案是正确的。而对于审理案件中涉及的问题《联合国国际货物销售合同公约》没有规定的，应当适用当事人选择的美国纽约州法律。《〈联合国国际货物销售合同公约〉判例法摘要汇编》并非《联合国国际货物销售合同公约》的组成部分，其不能作为审理本案的法律依据。但在如何准确理解《联合国国际货物销售合同公约》相关条款的含义方面，其可以作为适当的参考资料。

双方当事人在《采购合同》中约定的石油焦HGI指数典型值在36至46

之间，而德国克虏伯公司实际交付的石油焦 HGI 指数为 32，低于双方约定的 HGI 指数典型值的最低值，不符合合同约定。江苏省高级人民法院认定德国克虏伯公司构成违约是正确的。

关于德国克虏伯公司的上述违约行为是否构成根本违约的问题。首先，从双方当事人在合同中对石油焦需符合的化学和物理特性规格约定的内容看，合同对石油焦的受潮率、硫含量、灰含量、挥发物含量、尺寸、热值、硬度（HGI 值）等七个方面作出了约定。而从目前事实看，对于德国克虏伯公司交付的石油焦，中化新加坡公司仅认为 HGI 指数一项不符合合同约定，而对于其他六项指标，中化新加坡公司并未提出异议。结合当事人提交的证人证言以及证人出庭的陈述，HGI 指数表示石油焦的研磨指数，指数越低，石油焦的硬度越大，研磨难度越大。但中化新加坡公司一方提交的上海大学材料科学与工程学院出具的说明亦不否认 HGI 指数为 32 的石油焦可以使用，只是认为其用途有限。故可以认定虽然案涉石油焦 HGI 指数与合同约定不符，但该批石油焦仍然具有使用价值。其次，本案一审审理期间，中化新加坡公司为减少损失，经过积极的努力将案涉石油焦予以转售，且其在就将相关问题致德国克虏伯公司的函件中明确表示该批石油焦转售的价格“未低于市场合理价格”。这一事实说明案涉石油焦是可以以合理价格予以销售的。最后，综合考量其他国家裁判对《联合国国际货物销售合同公约》中关于根本违约条款的理解，只要买方经过合理努力就能使用货物或转售货物，甚至打些折扣，质量不符依然不是根本违约。故应当认为德国克虏伯公司交付 HGI 指数为 32 的石油焦的行为，并不构成根本违约。江苏省高级人民法院认定德国克虏伯公司构成根本违约并判决宣告《采购合同》无效，适用法律错误，应予以纠正。

（生效裁判审判人员：任雪峰、成明珠、朱科）

指导案例108号

浙江隆达不锈钢有限公司诉A.P.穆勒－马士基有限公司海上货物运输合同纠纷案

（最高人民法院审判委员会讨论通过　2019年2月25日发布）

关键词　民事/海上货物运输合同/合同变更/改港/退运/抗辩权

裁判要点

在海上货物运输合同中，依据合同法第三百零八条的规定，承运人将货物交付收货人之前，托运人享有要求变更运输合同的权利，但双方当事人仍要遵循合同法第五条规定的公平原则确定各方的权利和义务。托运人行使此项权利时，承运人也可相应行使一定的抗辩权。如果变更海上货物运输合同难以实现或者将严重影响承运人正常营运，承运人可以拒绝托运人改港或者退运的请求，但应当及时通知托运人不能变更的原因。

相关法条

《中华人民共和国合同法》第三百零八条

《中华人民共和国海商法》第八十六条

基本案情

2014年6月，浙江隆达不锈钢有限公司（以下简称隆达公司）由中国宁波港出口一批不锈钢无缝产品至斯里兰卡科伦坡港，货物报关价值为366918.97美元。隆达公司通过货代向A.P.穆勒－马士基有限公司（以下简称马士基公司）订舱，涉案货物于同年6月28日装载于4个集装箱内装船出运，出运时隆达公司要求做电放处理。2014年7月9日，隆达公司通过货代向马士基公司发邮件称，发现货物运错目的地要求改港或者退运。马士基公司于同日回复，因货物距抵达目的港不足2天，无法安排改港，如需退运则需与目的港确认后回复。次日，隆达公司的货代询问货物退运是否可以原船带回，马士基公司于当日回复“原船退回不具有操作性，货物在目的港卸货后，需要由现在的收货人在目的港清关后，再向当地海关申请退运。海关批准后，才可以安排退运事宜”。2014年7月10日，隆达公司又提出“这个货要安排退运，就是因为清关清不了，所以才退回宁波的，有其他办法吗”。此后，马士基公司再未回复邮件。

涉案货物于2014年7月12日左右到达目的港。马士基公司应隆达公司的要求于2015年1月29日向其签发了编号603386880的全套正本提单。根据提单记载，托运人为隆达公司，收货人及通知方均为VENUSSTEEL PVT LTD，起运港中国宁波，卸货港科伦坡。2015年5月19日，隆达公司向马士基公司发邮件表示已按马士基公司要求申请退运。马士基公司随后告知隆达公司涉案货物已被拍卖。

裁判结果

宁波海事法院于2016年3月4日作出（2015）甬海法商初字第534号民事判决，认为隆达公司因未采取自行提货等有效措施导致涉案货物被海关拍卖，相应货损风险应由该公司承担，故驳回隆达公司的诉讼请求。一审判决后，隆达公司提出上诉。浙江省高级人民法院于2016年9月29日作出（2016）浙民终222号民事判决：撤销一审判决；马士基公司于判决送达之日起十日内赔偿隆达公司货物损失183459.49美元及利息。二审法院认为依据合同法第三百零八条，隆达公司在马士基公司交付货物前享有请求改港或退运的权利。在隆达公司提出退运要求后，马士基公司既未明确拒绝安排退运，也未通知隆达公司自行处理，对涉案货损应承担相应的赔偿责任，酌定责任比例为50%。马士基公司不服二审判决，向最高人民法院申请再审。最高人民法院于2017年12月29日作出（2017）最高法民再412号民事判决：撤销二审判决；维持一审判决。

裁判理由

最高人民法院认为，合同法与海商法有关调整海上运输关系、船舶关系的规定属于普通法与特别法的关系。根据海商法第八十九条的规定，船舶在装货港开航前，托运人可以要求解除合同。本案中，隆达公司在涉案货物海上运输途中请求承运人进行退运或者改港，因海商法未就航程中托运人要求变更运输合同的权利进行规定，故本案可适用合同法第三百零八条关于托运人要求变更运输合同权利的规定。基于特别法优先适用于普通法的法律适用基本原则，合同法第三百零八条规定的是一般运输合同，该条规定在适用于海上货物运输合同的情况下，应该受到海商法基本价值取向及强制性规定的限制。托运人依据合同法第三百零八条主张变更运输合同的权利不得致使海上货物运输合同中各方当事人利益显失公平，也不得使承运人违反对其他托运人承担的安排合理航线等义务，或剥夺承运人关于履行海上货物运输合同变更事项的相应抗辩权。

合同法总则规定的基本原则是合同法立法的准则，是适用于合同法全部领域的准则，也是合同法具体制度及规范的依据。依据合同法第三百零八条的规定，在承运人将货物交付收货人之前，托运人享有要求变更运输合同的权利，但双方当事人仍要遵循合同法第五条规定的公平原则确定各方的权利和义务。海上货物运输具有运输量大、航程预先拟定、航线相对固定等特殊性，托运人要求改港或者退运的请求有时不仅不易操作，还会妨碍承运人的正常营运或者给其他货物的托运人或收货人带来较大损害。在此情况下，如果要求承运人无条件服从托运人变更运输合同的请求，显失公平。因此，在海上货物运输合同下，托运人并非可以无限制地行使请求变更的权利，承运人也并非在任何情况下都应无条件服从托运人请求变更的指示。为合理平衡海上货物运输合同中各方当事人利益之平衡，在托运人行使要求变更权利的同时，承运人也相应地享有一定的抗辩权利。如果变更运输合同难以实现或者将严重影响承运人正常营运，承运人可以拒绝托运人改港或者退运的要求，但应当及时通知托运人不能执行的原因。如果承运人关于不能执行原因等抗辩成立，承运人未按照托运人退运或改港的指示执行则并无不当。

涉案货物采用的是国际班轮运输，载货船舶除运载隆达公司托运的4个集装箱外，还运载了其他货主托运的众多货物。涉案货物于2014年6月28日装船出运，于2014年7月12日左右到达目的港。隆达公司于2014年7月9日才要求马士基公司退运或者改港。马士基公司在航程已过大半，距离到达目的港只有两三天的时间，以航程等原因无法安排改港、原船退回不具有操作性为抗辩事由，符合案件事实情况，该抗辩事由成立，马士基公司未安排退运或者改港并无不当。

马士基公司将涉案货物运至目的港后，因无人提货，将货物卸载至目的港码头符合海商法第八十六条的规定。马士基公司于2014年7月9日通过邮件回复隆达公司距抵达目的港不足两日。隆达公司已了解货物到港的大体时间并明知涉案货物在目的港无人提货，但在长达八个月的时间里未采取措施处理涉案货物致其被海关拍卖。隆达公司虽主张马士基公司未尽到谨慎管货义务，但并未举证证明马士基公司存在管货不当的事实。隆达公司的该项主张缺乏依据。依据海商法第八十六条的规定，马士基公司卸货后所产生的费用和风险应由收货人承担，马士基公司作为承运人无需承担相应的风险。

（生效判决审判人员：王淑梅、余晓汉、黄西武）

指导案例 109 号

安徽省外经建设（集团）有限公司诉东方置业房地产有限公司保函欺诈纠纷案

（最高人民法院审判委员会讨论通过　2019 年 2 月 25 日发布）

关键词　民事/保函欺诈/基础交易审查/有限及必要原则/独立反担保函

裁判要点

1. 认定构成独立保函欺诈需对基础交易进行审查时，应坚持有限及必要原则，审查范围应限于受益人是否明知基础合同的相对人并不存在基础合同项下的违约事实，以及是否存在受益人明知自己没有付款请求权的事实。

2. 受益人在基础合同项下的违约情形，并不影响其按照独立保函的规定提交单据并进行索款的权利。

3. 认定独立反担保函项下是否存在欺诈时，即使独立保函存在欺诈情形，独立保函项下已经善意付款的，人民法院亦不得裁定止付独立反担保函项下款项。

相关法条

《中华人民共和国涉外民事关系法律适用法》第八条、第四十四条

基本案情

2010 年 1 月 16 日，东方置业房地产有限公司（以下简称东方置业公司）作为开发方，与作为承包方的安徽省外经建设（集团）有限公司（以下简称外经集团公司）、作为施工方的安徽外经建设中美洲有限公司（以下简称外经中美洲公司）在哥斯达黎加共和国圣何塞市签订了《哥斯达黎加湖畔华府项目施工合同》（以下简称《施工合同》），约定承包方为三栋各十四层综合商住楼施工。外经集团公司于 2010 年 5 月 26 日向中国建设银行股份有限公司安徽

省分行（以下简称建行安徽省分行）提出申请，并以哥斯达黎加银行作为转开行，向作为受益人的东方置业公司开立履约保函，保证事项为哥斯达黎加湖畔华府项目。2010 年 5 月 28 日，哥斯达黎加银行开立编号为 G051225 的履约保函，担保人为建行安徽省分行，委托人为外经集团公司，受益人为东方置业公司，担保金额为 2008000 美元，有效期至 2011 年 10 月 12 日，后延期至 2012 年 2 月 12 日。保函说明：无条件的、不可撤销的、必须的、见索即付的保函。执行此保函需要受益人给哥斯达黎加银行中央办公室外贸部提交一式两份的证明文件，指明执行此保函的理由，另外由受益人出具公证过的声明指出通知外经中美洲公司因为违约而产生此请求的日期，并附上保函证明原件和已经出具过的修改件。建行安徽省分行同时向哥斯达黎加银行开具编号为 34147020000289 的反担保函，承诺自收到哥斯达黎加银行通知后二十日内支付保函项下的款项。反担保函是“无条件的、不可撤销的、随时要求支付的”，并约定“遵守国际商会出版的 458 号《见索即付保函统一规则》”。

《施工合同》履行过程中，2012 年 1 月 23 日，建筑师 Jose Brenes 和 Mauricio Mora 出具《项目工程检验报告》。该报告认定了施工项目存在“施工不良”“品质低劣”且需要修改或修理的情形。2012 年 2 月 7 日，外经中美洲公司以东方置业公司为被申请人向哥斯达黎加建筑师和工程师联合协会争议解决中心提交仲裁请求，认为东方置业公司拖欠应支付之已完成施工量的工程款及相应利息，请求解除合同并裁决东方置业公司赔偿损失。2 月 8 日，东方置业公司向哥斯达黎加银行提交索赔声明、违约通知书、违约声明、《项目工程检验报告》等保函兑付文件，要求执行保函。2 月 10 日，哥斯达黎加银行向建行安徽省分行发出电文，称东方置业公司提出索赔，要求支付 G051225 号银行保函项下 2008000 美元的款项，哥斯达黎加银行进而要求建行安徽省分行须于 2012 年 2 月 16 日前支付上述款项。2 月 12 日，应外经中美洲公司申请，哥斯达黎加共和国行政诉讼法院第二法庭下达临时保护措施禁令，裁定哥斯达黎加银行暂停执行 G051225 号履约保函。

2 月 23 日，外经集团公司向合肥市中级人民法院提起保函欺诈纠纷诉讼，同时申请中止支付 G051225 号保函、34147020000289 号保函项下款项。一审法院于 2 月 27 日作出（2012）合民四初字第 00005－1 号裁定，裁定中止支付 G051225 号保函及 34147020000289 号保函项下款项，并于 2 月 28 日向建行安徽省分行送达了上述裁定。2 月 29 日，建行安徽省分行向哥斯达黎加银行发送电文告知了一审法院已作出的裁定事由，并于当日向哥斯达黎加银行寄送了上述裁定书的复印件，哥斯达黎加银行于 3 月 5 日收到上述裁定书复印件。

3 月 6 日，哥斯达黎加共和国行政诉讼法院第二法庭判决外经中美洲公司申请预防性措施败诉，解除了临时保护措施禁令。3 月 20 日，应哥斯达黎加银行的要求，建行安徽省分行延长了 34147020000289 号保函的有效期。3 月 21 日，哥斯达黎加银行向东方置业公司支付了 G051225 号保函项下款项。

2013 年 7 月 9 日，哥斯达黎加建筑师和工程师联合协会作出仲裁裁决，该仲裁裁决认定东方置业公司在履行合同过程中严重违约，并裁决终止《施工合同》，东方置业公司向外经中美洲公司支付 1 号至 18 号工程进度款共计 800058.45 美元及利息；第 19 号工程因未获得开发商验收，相关工程款请求未予支持；因 G051225 号保函项下款项已经支付，不支持外经中美洲公司退还保函的请求。

裁判结果

安徽省合肥市中级人民法院于 2014 年 4 月 9 日作出（2012）合民四初字第 00005 号民事判决：一、东方置业公司针对 G051225 号履约保函的索赔行为构成欺诈；二、建行安徽省分行终止向哥斯达黎加银行支付编号为 34147020000289 的银行保函项下 2008000 美元的款项；三、驳回外经集团公司的其他诉讼请求。东方置业公司不服一审判决，提起上诉。安徽省高级人民法院于 2015 年 3 月 19 日作出（2014）皖民二终字第 00389 号民事判决：驳回上诉，维持原判。东方置业公司不服二审判决，向最高人民法院申请再审。最高人民法院于 2017 年 12 月 14 日作出（2017）最高法民再 134 号民事判决：一、撤销安徽省高级人民法院（2014）皖民二终字第 00389 号、安徽省合肥市中级人民法院（2012）合民四初字第 00005 号民事判决；二、驳回外经集团公司的诉讼请求。

裁判理由

最高人民法院认为：第一，关于本案涉及的独立保函欺诈案件的识别依据、管辖权以及法律适用问题。本案争议的当事方东方置业公司及哥斯达黎加银行的经常居所地位于我国领域外，本案系涉外商事纠纷。根据《中华人民共和国涉外民事关系法律适用法》第八条"涉外民事关系的定性，适用法院地法”的规定，外经集团公司作为外经中美洲公司在国内的母公司，是涉案保函的开立申请人，其申请建行安徽省分行向哥斯达黎加银行开立见索即付的反担保保函，由哥斯达黎加银行向受益人东方置业公司转开履约保函。根据保函文本内容，哥斯达黎加银行与建行安徽省分行的付款义务均独立于基础交易关系及保函申请法律关系，因此，上述保函可以确定为见索即付独立保函，上述反担保保函可以确定为见索即付独立反担保函。外经集团公司以保函欺诈为由向一审法院提起诉讼，本案性质为保函欺诈纠纷。被请求止付的独立反担保函由建行安徽省分行开具，该分行所在地应当认定为外经集团公司主张的侵权结果发生地。一审法院作为侵权行为地法院对本案具有管辖权。因涉案保函载明适用《见索即付保函统一规则》，应当认定上述规则的内容构成争议保函的组成部分。根据《中华人民共和国涉外民事关系法律适用法》第四十四条“侵权责任，适用侵权行为地法律”的规定，《见索即付保函统一规则》未予涉及的保函欺诈之认定标准应适用中华人民共和国法律。我国没有加入《联合国独立保证与备用信用证公约》，本案当事人亦未约定适用上述公约或将公约有关内容作为国际交易规则订入保函，依据意思自治原则，《联合国独立保证与备用信用证公约》不应适用。

第二，关于东方置业公司作为受益人是否具有基础合同项下的初步证据证明其索赔请求具有事实依据的问题。

人民法院在审理独立保函及与独立保函相关的反担保案件时，对基础交易的审查，应当坚持有限原则和必要原则，审查的范围应当限于受益人是否明知基础合同的相对人并不存在基础合同项下的违约事实或者不存在其他导致独立保函付款的事实。否则，对基础合同的审查将会动摇独立保函“见索即付”的制度价值。

根据《最高人民法院关于贯彻执行〈中华人民共和国民法通则〉若干问题的意见（试行）》第68条的规定，欺诈主要表现为虚构事实与隐瞒真相。根据再审查明的事实，哥斯达黎加银行开立编号为G051225的履约保函，该履约保函明确规定了实现保函需要提交的文件为：说明执行保函理由的证明文件、通知外经中美洲公司执行保函请求的日期、保函证明原件和已经出具过的修改件。外经集团公司主张东方置业公司的行为构成独立保函项下的欺诈，应当提交证据证明东方置业公司在实现独立保函时具有下列行为之一：1. 为索赔提交内容虚假或者伪造的单据；2. 索赔请求完全没有事实基础和可信依据。本案中，保函担保的是“施工期间材料使用的质量和耐性，赔偿或补偿造成的损失，和/或承包方未履行义务的赔付”，意即，保函担保的是施工质量和其他违约行为。因此，受益人只需提交能够证明存在施工质量问题的初步证据，即可满足保函实现所要求的“说明执行保函理由的证明文件”。本案基础合同履行过程中，东方置业公司的项目监理人员 Jose Brenes 和 Mauricio Mora 于 2012 年 1 月 23 日出具《项目工程检验报告》。该报告认定了施工项目存在“施工不良”“品质低劣”且需要修改或修理的情形，该《项目工程检验报告》构成证明存在施工质量问题的初步证据。

本案当事方在《施工合同》中以及在保函项下并未明确约定实现保函时应向哥斯达黎加银行提交《项目工程检验报告》，因此，东方置业公司有权自主选择向哥斯达黎加银行提交“证明执行保函理由”之证明文件的类型，其是否向哥斯达黎加银行提交该报告不影响其保函项下权利的实现。另外，《施工合同》以及保函亦未规定上述报告须由 AIA 国际建筑师事务所或者具有美国建筑师协会国际会员身份的人员出具，因此，JoseBrenes 和 Mauricio Mora 是否具有美国建筑师协会国际会员身份并不影响其作为发包方的项目监理人员出具《项目工程检验报告》。外经集团公司对 Jose Brenes 和 Mauricio Mora 均为发包方的项目监理人员身份是明知的，在其出具《项目工程检验报告》并领取工程款项时对 Jose Brenes 和 Mauricio Mora 的监理身份是认可的，其以自身认可的足以证明 Jose Brenes 和 Mauricio Mora 监理身份的证据反证 Jose Brenes 和 Mauricio Mora 出具的《项目工程检验报告》虚假，逻辑上无法自洽。因外经集团公司未能提供其他证据证明东方置业公司实现案涉保函完全没有事实基础或者提交虚假或伪造的文件，东方置业公司据此向哥斯达黎加银行申请实现保函权利具有事实依据。

综上，《项目工程检验报告》构成证明外经集团公司基础合同项下违约行为的初步证据，外经集团公司提供的证据不足以证明上述报告存在虚假或者伪造，亦不足以证明东方置业公司明知基础合同的相对人并不存在基础合同项下的违约事实或者不存在其他导致独立保函付款的事实而要求实现保函。东方置业公司基于外经集团公司基础合同项下的违约行为，依据合同的规定，提出实现独立保函项下的权利不构成保函欺诈。

第三，关于独立保函受益人基础合同项下的违约情形，是否必然构成独立保函项下的欺诈索款问题。

外经集团公司认为，根据《最高人民法院关于审理独立保函纠纷案件若干问题的规定》（以下简称《独立保函司法解释》）第十二条第三项、第四项、第五项，应当认定东方置业公司构成独立保函欺诈。根据《独立保函司法解释》第二十五条的规定，经庭审释明，外经集团公司仍坚持认为本案处理不应违反《独立保函司法解释》的规定精神。结合外经集团公司的主张，最高人民法院对上述涉及《独立保函司法解释》的相关问题作出进一步阐释。

独立保函独立于委托人和受益人之间的基础交易，出具独立保函的银行只负责审查受益人提交的单据是否符合保函条款的规定并有权自行决定是否付款，担保行的付款义务不受委托人与受益人之间基础交易项下抗辩权的影响。东方置业公司作为受益人，在提交证明存在工程质量问题的初步证据时，即使未启动任何诸如诉讼或者仲裁等争议解决程序并经上述程序确认相对方违约，都不影响其保函权利的实现。即使基础合同存在正在进行的诉讼或者仲裁程序，只要相关争议解决程序尚未作出基础交易债务人没有付款或者赔偿责任的最终认定，亦不影响受益人保函权利的实现。进而言之，即使生效判决或者仲裁裁决认定受益人构成基础合同项下的违约，该违约事实的存在亦不必然成为构成保函"欺诈"的充分必要条件。

本案中，保函担保的事项是施工质量和其他违约行为，而受益人未支付工程款项的违约事实与工程质量出现问题不存在逻辑上的因果关系，东方置业公司作为受益人，其自身在基础合同履行中存在的违约情形，并不必然构成独立保函项下的欺诈索款。《独立保函司法解释》第十二条第三项的规定内容，将独立保函欺诈认定的条件限定为"法院判决或仲裁裁决认定基础交易债务人没有付款或赔偿责任"，因此，除非保函另有约定，对基础合同的审查应当限定在保函担保范围内的履约事项，在将受益人自身在基础合同中是否存在违约行为纳入保函欺诈的审查范围时应当十分审慎。虽然哥斯达黎加建筑师和工程师联合协会作出仲裁裁决，认定东方置业公司在履行合同过程中违约，但上述仲裁程序于2012年2月7日由外经集团公司发动，东方置业公司并未提出反请求，2013年7月9日作出的仲裁裁决仅针对外经集团公司的请求事项认定东方置业公司违约，但并未认定外经集团公司因对方违约行为的存在而免除付款或者赔偿责任。因此，不能依据上述仲裁裁决的内容认定东方置业公司构成《独立保函司法解释》第十二条第三项规定的保函欺诈。

另外，双方对工程质量发生争议的事实以及哥斯达黎加建筑师和工程师联合协会争议解决中心作出的《仲裁裁决书》中涉及工程质量问题部分的表述能够佐证，外经中美洲公司在《施工合同》项下的义务尚未完全履行，本案并不存在东方置业公司确认基础交易债务已经完全履行或者付款到期事件并未发生的情形。现有证据亦不能证明东方置业公司明知其没有付款请求权仍滥用权利。东方置业公司作为受益人，其自身在基础合同履行中存在的违约情形，虽经仲裁裁决确认但并未因此免除外经集团公司的付款或者赔偿责任。综上，即使按照外经集团公司的主张适用《独立保函司法解释》，本案情形亦不构成保函欺诈。

第四，关于本案涉及的与独立保函有关的独立反担保函问题。

基于独立保函的特点，担保人于债务人之外构成对受益人的直接支付责任，独立保函与主债务之间没有抗辩权上的从属性，即使债务人在某一争议解决程序中行使抗辩权，并不当然使独立担保人获得该抗辩利益。另外，即使存在受益人在独立保函项下的欺诈性索款情形，亦不能推定担保行在独立反担保函项下构成欺诈性索款。只有担保行明知受益人系欺诈性索款且违反诚实信用原则付款，并向反担保行主张独立反担保函项下款项时，才能认定担保行构成独立反担保函项下的欺诈性索款。

外经集团公司以保函欺诈为由提起本案诉讼，其应当举证证明哥斯达黎加银行明知东方置业公司存在独立保函欺诈情形，仍然违反诚信原则予以付款，并进而以受益人身份在见索即付独立反担保函项下提出索款请求并构成反担保函项下的欺诈性索款。现外经集团公司不仅不能证明哥斯达黎加银行向东方置业公司支付独立保函项下款项存在欺诈，亦没有举证证明哥斯达黎加银行在独立反担保函项下存在欺诈性索款情形，其主张止付独立反担保函项下款项没有事实依据。

（生效裁判审判人员：陈纪忠、杨弘磊、杨兴业）

指导案例 110 号

交通运输部南海救助局诉阿昌格罗斯投资公司、香港安达欧森有限公司上海代表处海难救助合同纠纷案

（最高人民法院审判委员会讨论通过 2019 年 2 月 25 日发布）

关键词 民事/海难救助合同/雇佣救助/救助报酬

裁判要点

1. 《1989 年国际救助公约》和我国海商法规定救助合同“无效果无报酬”，但均允许当事人对救助报酬的确定可以另行约定。若当事人明确约定，无论救助是否成功，被救助方均应支付报酬，且以救助船舶每马力小时和人工投入等作为计算报酬的标准时，则该合同系雇佣救助合同，而非上述国际公约和我国海商法规定的救助合同。

2. 在《1989 年国际救助公约》和我国海商法对雇佣救助合同没有具体规定的情况下，可以适用我国合同法的相关规定确定当事人的权利义务。

相关法条

《中华人民共和国合同法》第八条、第一百零七条

《中华人民共和国海商法》第一百七十九条

基本案情

交通运输部南海救助局（以下简称南海救助局）诉称：“加百利”轮在琼州海峡搁浅后，南海救助局受阿昌格罗斯投资公司（以下简称投资公司）委托提供救助、交通、守护等服务，但投资公司一直未付救助费用。请求法院判令投资公司和香港安达欧森有限公司上海代表处（以下简称上海代表处）连带支付救助费用 7240998.24 元及利息。

法院经审理查明：投资公司所属“加百利”轮系希腊籍油轮，载有卡宾达原油 54580 吨。2011 年 8 月 12 日 5 时左右在琼州海峡北水道附近搁浅，船舶及船载货物处于危险状态，严重威胁海域环境安全。事故发生后，投资公司立即授权上海代表处就“加百利”轮搁浅事宜向南海救助局发出紧急邮件，请南海救助局根据经验安排两艘拖轮进行救助，并表示同意南海救助局的报价。

8 月 12 日 20 时 40 分，上海代表处通过电子邮件向南海救助局提交委托书，委托南海救助局派出“南海救 116”轮和“南海救 101”轮到现场协助“加百利”轮出浅，承诺无论能否成功协助出浅，均同意按每马力小时 3.2 元的费率付费，计费周期为拖轮自其各自的值班待命点备车开始起算至上海代表处通知任务结束、拖轮回到原值班待命点为止。“南海救 116”轮和“南海救 101”轮只负责拖带作业，“加百利”轮脱浅作业过程中如发生任何意外南海救助局无需负责。另，请南海救助局派遣一组潜水队员前往“加百利”轮探摸，费用为：陆地调遣费 10000 元；水上交通费 55000 元；作业费每 8 小时 40000 元，计费周期为潜水员登上交通船开始起算，到作业完毕离开交通船上岸为止。8 月 13 日，投资公司还提出租用“南海救 201”轮将其两名代表从海口运送至“加百利”轮。南海救助局向上海代表处发邮件称，“南海救 201”轮费率为每马力小时 1.5 元，根据租用时间计算总费用。

与此同时，为预防危险局面进一步恶化造成海上污染，湛江海事局决定对“加百利”轮采取强制过驳减载脱浅措施。经湛江海事局组织安排，8 月 18 日“加百利”轮利用高潮乘潮成功脱浅，之后安全到达目的港广西钦州港。

南海救助局实际参与的救助情况如下：

南海救助局所属“南海救 116”轮总吨为 3681，总功率为 9000 千瓦（12240 马力）。“南海救 116”轮到达事故现场后，根据投资公司的指示，一直在事故现场对“加百利”轮进行守护，共工作 155.58 小时。

南海救助局所属“南海救 101”轮总吨为 4091，总功率为 13860 千瓦（18850 马力）。该轮未到达事故现场即返航。南海救助局主张该轮工作时间共计 13.58 小时。

南海救助局所属“南海救 201”轮总吨为 552，总功率为 4480 千瓦（6093 马力）。8 月 13 日，该轮运送 2 名船东代表登上搁浅船，工作时间为 7.83 小时。8 月 16 日，该轮运送相关人员及设备至搁浅船，工作时间为 7.75 小时。8 月 18 日，该轮将相关人员及行李运送上过驳船，工作时间为 8.83 小时。

潜水队员未实际下水作业，工作时间为 8 小时。

另查明涉案船舶的获救价值为 30531856 美元，货物的获救价值为 48053870 美元，船舶的获救价值占全部获救价值的比例为 38.85%。

裁判结果

广州海事法院于2014年3月28日作出（2012）广海法初字第898号民事判决：一、投资公司向南海救助局支付救助报酬6592913.58元及利息；二、驳回南海救助局的其他诉讼请求。投资公司不服一审判决，提起上诉。广东省高级人民法院于2015年6月16日作出（2014）粤高法民四终字第117号民事判决：一、撤销广州海事法院（2012）广海法初字第898号民事判决；二、投资公司向南海救助局支付救助报酬2561346.93元及利息；三、驳回南海救助局的其他诉讼请求。南海救助局不服二审判决，申请再审。最高人民法院于2016年7月7日作出（2016）最高法民再61号民事判决：一、撤销广东省高级人民法院（2014）粤高法民四终字第117号民事判决；二、维持广州海事法院（2012）广海法初字第898号民事判决。

裁判理由

最高人民法院认为，本案系海难救助合同纠纷。中华人民共和国加入了《1989年国际救助公约》（以下简称救助公约），救助公约所确立的宗旨在本案中应予遵循。因投资公司是希腊公司，"加百利"轮为希腊籍油轮，本案具有涉外因素。各方当事人在诉讼中一致选择适用中华人民共和国法律，根据《中华人民共和国涉外民事关系法律适用法》第三条的规定，适用中华人民共和国法律对本案进行审理。我国海商法作为调整海上运输关系、船舶关系的特别法，应优先适用。海商法没有规定的，适用我国合同法等相关法律的规定。

海难救助是一项传统的国际海事法律制度，救助公约和我国海商法对此作了专门规定。救助公约第12条、海商法第一百七十九条规定了"无效果无报酬"的救助报酬支付原则，救助公约第13条、海商法第一百八十条及第一百八十三条在该原则基础上进一步规定了报酬的评定标准与具体承担。上述条款是对当事人基于"无效果无报酬"原则确定救助报酬的海难救助合同的具体规定。与此同时，救助公约和我国海商法均允许当事人对救助报酬的确定另行约定。因此，在救助公约和我国海商法规定的"无效果无报酬"救助合同之外，还可以依当事人的约定形成雇佣救助合同。

根据本案查明的事实，投资公司与南海救助局经过充分磋商，明确约定无论救助是否成功，投资公司均应支付报酬，且"加百利"轮脱浅作业过程中如发生任何意外，南海救助局无需负责。依据该约定，南海救助局救助报酬的获得与否和救助是否有实际效果并无直接联系，而救助报酬的计算，是以救助船舶每马力小时以及人工投入等事先约定的固定费率和费用作为依据，与获救财产的价值并无关联。因此，本案所涉救助合同不属于救助公约和我国海商法所规定的“无效果无报酬”救助合同，而属雇佣救助合同。

关于雇佣救助合同下的报酬支付条件及标准，救助公约和我国海商法并未作具体规定。一、二审法院依据海商法第一百八十条规定的相关因素对当事人在雇佣救助合同中约定的固定费率予以调整，属适用法律错误。本案应依据我国合同法的相关规定，对当事人的权利义务予以规范和确定。南海救助局以其与投资公司订立的合同为依据，要求投资公司全额支付约定的救助报酬并无不当。

综上，二审法院以一审判决确定的救助报酬数额为基数，依照海商法的规定，判令投资公司按照船舶获救价值占全部获救财产价值的比例支付救助报酬，适用法律和处理结果错误，应予纠正。一审判决适用法律错误，但鉴于一审判决对相关费率的调整是以当事人的合同约定为基础，南海救助局对此并未行使相关诉讼权利提出异议，一审判决结果可予维持。

（生效裁判审判人员：贺荣、张勇健、王淑梅、余晓汉、郭载宇）

指导案例111号

中国建设银行股份有限公司广州荔湾支行诉广东蓝粤能源发展有限公司等信用证开证纠纷案

（最高人民法院审判委员会讨论通过　2019年2月25日发布）

关键词　民事/信用证开证/提单/真实意思表示/权利质押/优先受偿权

裁判要点

1. 提单持有人是否因受领提单的交付而取得物权以及取得何种类型的物权，取决于合同的约定。开证行根据其与开证申请人之间的合同约定持有提单时，人民法院应结合信用证交易的特点，对案涉合同进行合理解释，确定开证行持有提单的真实意思表示。

2. 开证行对信用证项下单据中的提单以及提单项下的货物享有质权的，开证行行使提单质权的方式与行使提单项下货物动产质权的方式相同，即对提单项下货物折价、变卖、拍卖后所得价款享有优先受偿权。

相关法条

《中华人民共和国海商法》第七十一条

《中华人民共和国物权法》第二百二十四条

《中华人民共和国合同法》第八十条第一款

基本案情

中国建设银行股份有限公司广州荔湾支行（以下简称建行广州荔湾支行）与广东蓝粤能源发展有限公司（以下简称蓝粤能源公司）于2011年12月签订了《贸易融资额度合同》及《关于开立信用证的特别约定》等相关附件，约定该行向蓝粤能源公司提供不超过5.5亿元的贸易融资额度，包括开立等值额度的远期信用证。惠来粤东电力燃料有限公司（以下简称粤东电力）等担保人签订了保证合同等。2012年11月，蓝粤能源公司向建行广州荔湾支行申请开立8592万元的远期信用证。为开立信用证，蓝粤能源公司向建行广州荔湾支行出具了《信托收据》，并签订了《保证金质押合同》。《信托收据》确认自收据出具之日起，建行广州荔湾支行即取得上述信用证项下所涉单据和货物的所有权，建行广州荔湾支行为委托人和受益人，蓝粤能源公司为信托货物的受托人。信用证开立后，蓝粤能源公司进口了164998吨煤炭。建行广州荔湾支行承兑了信用证，并向蓝粤能源公司放款84867952.27元，用于蓝粤能源公司偿还建行首尔分行的信用证垫款。建行广州荔湾支行履行开证和付款义务后，取得了包括本案所涉提单在内的全套单据。蓝粤能源公司因经营状况恶化而未能付款赎单，故建行广州荔湾支行在本案审理过程中仍持有提单及相关单据。提单项下的煤炭因其他纠纷被广西防城港市港口区人民法院查封。建行广州荔湾支行提起诉讼，请求判令蓝粤能源公司向建行广州荔湾支行清偿信用证垫款本金84867952.27元及利息；确认建行广州荔湾支行对信用证项下164998吨煤炭享有所有权，并对处置该财产所得款项优先清偿上述信用证项下债务；粤东电力等担保人承担担保责任。

裁判结果

广东省广州市中级人民法院于2014年4月21日作出（2013）穗中法金民

初字第158号民事判决，支持建行广州荔湾支行关于蓝粤能源公司还本付息以及担保人承担相应担保责任的诉请，但以信托收据及提单交付不能对抗第三人为由，驳回建行广州荔湾支行关于请求确认煤炭所有权以及优先受偿权的诉请。建行广州荔湾支行不服一审判决，提起上诉。广东省高级人民法院于2014年9月19日作出（2014）粤高法民二终字第45号民事判决，驳回上诉，维持原判。建行广州荔湾支行不服二审判决，向最高人民法院申请再审。最高人民法院于2015年10月19日作出（2015）民提字第126号民事判决，支持建行广州荔湾支行对案涉信用证项下提单对应货物处置所得价款享有优先受偿权，驳回其对案涉提单项下货物享有所有权的诉讼请求。

裁判理由

最高人民法院认为，提单具有债权凭证和所有权凭证的双重属性，但并不意味着谁持有提单谁就当然对提单项下货物享有所有权。对于提单持有人而言，其能否取得物权以及取得何种类型的物权，取决于当事人之间的合同约定。建行广州荔湾支行履行了开证及付款义务并取得信用证项下的提单，但是由于当事人之间没有移转货物所有权的意思表示，故不能认为建行广州荔湾支行取得提单即取得提单项下货物的所有权。虽然《信托收据》约定建行广州荔湾支行取得货物的所有权，并委托蓝粤能源公司处置提单项下的货物，但根据物权法定原则，该约定因构成让与担保而不能发生物权效力。然而，让与担保的约定虽不能发生物权效力，但该约定仍具有合同效力，且《关于开立信用证的特别约定》约定蓝粤能源公司违约时，建行广州荔湾支行有权处分信用证项下单据及货物，因此根据合同整体解释以及信用证交易的特点，表明当事人真实意思表示是通过提单的流转而设立提单质押。本案符合权利质押设立所须具备的书面质押合同和物权公示两项要件，建行广州荔湾支行作为提单持有人，享有提单权利质权。建行广州荔湾支行的提单权利质权如果与其他债权人对提单项下货物所可能享有的留置权、动产质权等权利产生冲突的，可在执行分配程序中依法予以解决。

（生效裁判审判人员：刘贵祥、刘敏、高晓力）

指导案例 112 号

阿斯特克有限公司申请设立海事赔偿责任限制基金案

（最高人民法院审判委员会讨论通过 2019 年 2 月 25 日发布）

关键词 民事/海事赔偿责任限制基金/事故原则/一次事故/多次事故

裁判要点

海商法第二百一十二条确立海事赔偿责任限制实行“一次事故，一个限额，多次事故，多个限额”的原则。判断一次事故还是多次事故的关键是分析事故之间是否因同一原因所致。如果因同一原因发生多个事故，且原因链没有中断的，应认定为一次事故。如果原因链中断并再次发生事故，则应认定为形成新的独立事故。

相关法条

《中华人民共和国海商法》第二百一十二条

基本案情

阿斯特克有限公司向天津海事法院提出申请称，其所属的“艾依”轮收到养殖损害索赔请求。对于该次事故所造成的非人身伤亡损失，阿斯特克有限公司作为该轮的船舶所有人申请设立海事赔偿责任限制基金，责任限额为 422510 特别提款权及该款项自 2014 年 6 月 5 日起至基金设立之日止的利息。

众多养殖户作为利害关系人提出异议，认为阿斯特克有限公司应当分别设立限制基金，而不能就整个航次设立一个限制基金。

法院查明：涉案船舶韩国籍“艾依”轮的所有人为阿斯特克有限公司，船舶总吨位为 2030 吨。2014 年 6 月 5 日，“艾依”轮自秦皇岛开往天津港装货途中，在河北省昌黎县、乐亭县海域驶入养殖区域，造成了相关养殖户的养殖损失。

另查明，“艾依”轮在本案损害事故发生时使用英版 1249 号海图，该海图已标明本案损害事故发生的海域设置了养殖区，并划定了养殖区范围。涉案船舶为执行涉案航次所预先设定的航线穿越该养殖区。

再查明，郭金武与刘海忠的养殖区相距约 500 米左右，涉案船舶航行时间约 2 分钟；刘海忠与李卫国等人的养殖区相距约 9000 米左右，涉案船舶航行时间约30分钟。

裁判结果

天津海事法院于2014年11月10日作出（2014）津海法限字第1号民事裁定：一、准许阿斯特克有限公司提出的设立海事赔偿责任限制基金的申请。二、海事赔偿责任限制基金数额为422510特别提款权及利息（利息自2014年6月5日起至基金设立之日止，按中国人民银行确定的金融机构同期一年期贷款基准利率计算）。三、阿斯特克有限公司应在裁定生效之日起三日内以人民币或法院认可的担保设立海事赔偿责任限制基金（基金的人民币数额按本裁定生效之日的特别提款权对人民币的换算办法计算）。逾期不设立基金的，按自动撤回申请处理。郭金武、刘海忠不服一审裁定，向天津市高级人民法院提起上诉。天津市高级人民法院于2015年1月19日作出（2015）津高民四终字第10号民事裁定：驳回上诉，维持原裁定。郭金武、刘海忠、李卫国、赵来军、齐永平、李建永、齐秀奎不服二审裁定，申请再审。最高人民法院于2015年8月10日作出（2015）民申字第853号民事裁定，提审本案，并于2015年9月29日作出（2015）民提字第151号民事裁定：一、撤销天津市高级人民法院（2015）津高民四终字第10号民事裁定。二、撤销天津海事法院（2014）津海法限字第1号民事裁定。三、驳回阿斯特克有限公司提出的设立海事赔偿责任限制基金的申请。

裁判理由

最高人民法院认为，海商法第二百一十二条确立海事赔偿责任限制实行事故原则，即“一次事故，一个限额，多次事故，多个限额”。判断一次还是多次事故的关键是分析两次事故之间是否因同一原因所致。如果因同一原因发生多个事故，但原因链没有中断，则应认定为一个事故。如果原因链中断，有新的原因介入，则新的原因与新的事故构成新的因果关系，形成新的独立事故。就本案而言，涉案“艾依”轮所使用的英版海图明确标注了养殖区范围，但船员却将航线设定到养殖区，本身存在重大过错。涉案船舶在预知所经临的海域可能存在大面积养殖区的情形下，应加强瞭望义务，保证航行安全，避免冲撞养殖区造成损失。根据涉案船舶航行轨迹，涉案船舶实际驶入了郭金武经营的养殖区。鉴于损害事故发生于中午时分，并无夜间的视觉障碍，如船员谨慎履行瞭望和驾驶义务，应能注意到海面上悬挂养殖物浮球的存在。在昌黎县海洋局出具证据证明郭金武遭受实际损害的情形下，可以推定船员未履行谨慎瞭望义务，导致第一次侵权行为发生。依据航行轨迹，船舶随后进入刘海忠的养殖区，由于郭金武与刘海忠的养殖区毗邻，相距约500米，基于船舶运动的惯性及船舶驾驶规律，涉案船舶在当时情形下无法采取合理措施避让刘海忠的养殖区，致使第二次侵权行为发生。从原因上分析，两次损害行为均因船舶驶入郭金武养殖区之前，船员疏于瞭望的过失所致，属同一原因，且原因链并未中断，故应将两次侵权行为认定为一次事故。船舶驶离刘海忠的养殖区进入开阔海域，航行约9000米，时长约半小时后进入李卫国等人的养殖区再次造成损害事故。在进入李卫国等人的养殖区之前，船员应有较为充裕的时间调整驾驶疏忽的心理状态，且在预知航行前方还有养殖区存在的情形下，更应加强瞭望义务，避免再次造成损害。涉案船舶显然未尽到谨慎驾驶的义务，致使第二次损害事故的发生。两次事故之间无论从时间关系还是从主观状态均无关联性，第二次事故的发生并非第一次事故自然延续所致，两次事故之间并无因果关系。阿斯特克有限公司主张在整个事故发生过程中船员错误驶入的心理状态没有变化，原因链没有中断的理由不能成立。虽然两次事故的发生均因“同一性质的原因”，即船员疏忽驾驶所致，但并非基于“同一原因”，引起两次事故。依据“一次事故，一次限额”的原则，涉案船舶应分别针对两次事故设立不同的责任限制基金。一、二审法院未能全面考察养殖区的位置、两次事故之间的因果关系及当事人的主观状态，作出涉案船舶仅造成一次事故，允许涉案船舶设立一个基金的认定错误，依法应予纠正。

（生效裁判审判人员：王淑梅、傅晓强、黄西武）

人民检察院检察建议工作规定

（2018年12月25日最高人民检察院第十三届检察委员会第十二次会议通过 2019年2月26日最高人民检察院公告公布 自公布之日起施行）

第一章 总 则

第一条 为了进一步加强和规范检察建议工作，确保检察建议的质量和效果，充分发挥检察建议的作用，根据《中华人民共和国人民检察院组织法》等法律规定，结合检察工作实际，制定本规定。

第二条 检察建议是人民检察院依法履行法律监督职责，参与社会治理，维护司法公正，促进依法行政，预防和减少违法犯罪，保护国家利益和社会公共利益，维护个人和组织合法权益，保障法律统一正确实施的重要方式。

第三条 人民检察院可以直接向本院所办理案件的涉案单位、本级有关主管机关以及其他有关单位提出检察建议。

需要向涉案单位以外的上级有关主管机关提出检察建议的，应当层报被建议单位的同级人民检察院决定并提出检察建议，或者由办理案件的人民检察院制作检察建议书后，报被建议单位的同级人民检察院审核并转送被建议单位。

需要向下级有关单位提出检察建议的，应当指令对应的下级人民检察院提出检察建议。

需要向异地有关单位提出检察建议的，应当征求被建议单位所在地同级人民检察院意见。被建议单位所在地同级人民检察院提出不同意见，办理案件的人民检察院坚持认为应当提出检察建议的，层报共同的上级人民检察院决定。

第四条 提出检察建议，应当立足检察职能，结合司法办案工作，坚持严格依法、准确及时、必要审慎、注重实效的原则。

第五条 检察建议主要包括以下类型：

（一）再审检察建议；

（二）纠正违法检察建议；

（三）公益诉讼检察建议；

（四）社会治理检察建议；

（五）其他检察建议。

第六条 检察建议应当由检察官办案组或者检察官办理。

第七条 制发检察建议应当在统一业务应用系统中进行，实行以院名义统一编号、统一签发、全程留痕、全程监督。

第二章 适用范围

第八条 人民检察院发现同级人民法院已经发生法律效力的判决、裁定具有法律规定的应当再审情形的，或者发现调解书损害国家利益、社会公共利益的，可以向同级人民法院提出再审检察建议。

第九条 人民检察院在履行对诉讼活动的法律监督职责中发现有关执法、司法机关具有下列情形之一的，可以向有关执法、司法机关提出纠正违法检察建议：

（一）人民法院审判人员在民事、行政审判活动中存在违法行为的；

（二）人民法院在执行生效民事、行政判决、裁定、决定或者调解书、支付令、仲裁裁决书、公证债权文书等法律文书过程中存在违法执行、不执行、怠于执行等行为，或者有其他重大隐患的；

（三）人民检察院办理行政诉讼监督案件或者执行监督案件，发现行政机关有违反法律规定、可能影响人民法院公正审理和执行的行为的；

（四）公安机关、人民法院、监狱、社区矫正机构、强制医疗执行机构等在刑事诉讼活动中或者执行人民法院生效刑事判决、裁定、决定等法律文书过程中存在普遍性、倾向性违法问题，或者有其他重大隐患，需要引起重视予以解决的；

（五）诉讼活动中其他需要以检察建议形式纠正违法的情形。

第十条 人民检察院在履行职责中发现生态环境和资源保护、食品药品安全、国有财产保护、国有土地使用权出让等领域负有监督管理职责的行政机关违法行使职权或者不作为，致使国家利益或者社会公共利益受到侵害，符合法律规定的公益诉讼条件的，应当按照公益诉讼案件办理程序向行政机关提出督促依法履职的检察建议。

第十一条 人民检察院在办理案件中发现社会治理工作存在下列情形之一的，可以向有关单位和部门提出改进工作、完善治理的检察建议：

（一）涉案单位在预防违法犯罪方面制度不健全、不落实，管理不完善，存在违法犯罪隐患，需要及时消除的；

（二）一定时期某类违法犯罪案件多发、频发，或者已发生的案件暴露出明显的管理监督漏洞，需要督促行业主管部门加强和改进管理监督工作的；

（三）涉及一定群体的民间纠纷问题突出，可能导致发生群体性事件或者恶性案件，需要督促相关部门完善风险预警防范措施，加强调解疏导工作的；

（四）相关单位或者部门不依法及时履行职责，致使个人或者组织合法权益受到损害或者存在损害危险，需要及时整改消除的；

（五）需要给予有关涉案人员、责任人员或者组织行政处罚、政务处分、行业惩戒，或者需要追究有关责任人员的司法责任的；

（六）其他需要提出检察建议的情形。

第十二条 对执法、司法机关在诉讼活动中的违法情形，以及需要对被不起诉人给予行政处罚、处分或者需要没收其违法所得，法律、司法解释和其他有关规范性文件明确规定应当发出纠正违法通知书、检察意见书的，依照相关规定执行。

第三章 调查办理和督促落实

第十三条 检察官在履行职责中发现有应当依照本规定提出检察建议情形的，应当报经检察长决定，对相关事项进行调查核实，做到事实清楚、准确。

第十四条 检察官可以采取以下措施进行调查核实：

（一）查询、调取、复制相关证据材料；

（二）向当事人、有关知情人员或者其他相关人员了解情况；

（三）听取被建议单位意见；

（四）咨询专业人员、相关部门或者行业协会等对专门问题的意见；

（五）委托鉴定、评估、审计；

（六）现场走访、查验；

（七）查明事实所需要采取的其他措施。

进行调查核实，不得采取限制人身自由和查封、扣押、冻结财产等强制性措施。

第十五条 检察官一般应当在检察长作出决定后两个月以内完成检察建议事项的调查核实。情况紧急的，应当及时办结。

检察官调查核实完毕，应当制作调查终结报告，写明调查过程和认定的事实与证据，提出处理意见。认为需要提出检察建议的，应当起草检察建议书，一并报送检察长，由检察长或者检察委员会讨论决定是否提出检察建议。

经调查核实，查明相关单位不存在需要纠正或者整改的违法事实或者重大隐患，决定不提出检察建议的，检察官应当将调查终结报告连同相关材料订卷存档。

第十六条 检察建议书要阐明相关的事实和依据，提出的建议应当符合法律、法规及其他有关规定，明确具体、说理充分、论证严谨、语言简洁、有操作性。

检察建议书一般包括以下内容：

（一）案件或者问题的来源；

（二）依法认定的案件事实或者经调查核实的事实及其证据；

（三）存在的违法情形或者应当消除的隐患；

（四）建议的具体内容及所依据的法律、法规和有关文件等的规定；

（五）被建议单位提出异议的期限；

（六）被建议单位书面回复落实情况的期限；

（七）其他需要说明的事项。

第十七条 检察官依据本规定第十一条的规定起草的检察建议书，报送检察长前，应当送本院负责法律政策研究的部门对检察建议的必要性、合法性、说理性等进行审核。

检察建议书正式发出前，可以征求被建议单位的意见。

第十八条 检察建议书应当以人民检察院的名义送达有关单位。送达检察建议书，可以书面送达，也可以现场宣告送达。

宣告送达检察建议书应当商被建议单位同意，可以在人民检察院、被建议单位或者其他适宜场所进行，由检察官向被建议单位负责人当面宣读检察建议书并进行示证、说理，听取被建议单位负责人意见。必要时，可以邀请人大代表、政协委员或者特约检察员、人民监督员等第三方人员参加。

第十九条 人民检察院提出检察建议，除另有规定外，应当要求被建议单位自收到检察建议书之日起两个月以内作出相应处理，并书面回复人民检察院。因情况紧急需要被建议单位尽快处理的，可以根据实际情况确定相应的回复期限。

第二十条 涉及事项社会影响大、群众关注度高、违法情形具有典型性、所涉问题应当引起有关部门重视的检察建议书，可以抄送同级党委、人大、政府、纪检监察机关或者被建议单位的上级机关、行政主管部门以及行业自律组织等。

第二十一条 发出的检察建议书，应当于五日内报上一级人民检察院对口业务部门和负责法律政策研究的部门备案。

第二十二条 检察长认为本院发出的检察建议书确有不当的，应当决定变更或者撤回，并及时通知有关单位，说明理由。

上级人民检察院认为下级人民检察院发出的检察建议书确有不当的，应当指令下级人民检察院变更或者撤回，并及时通知有关单位，说明理由。

第二十三条 被建议单位对检察建议提出异议的，检察官应当立即进行复核。经复核，异议成立的，应当报经检察长或者检察委员会讨论决定后，及时对检察建议书作出修改或者撤回检察建议书；异议不成立的，应当报经检察长同意后，向被建议单位说明理由。

第二十四条 人民检察院应当积极督促和支持配合被建议单位落实检察建议。督促落实工作由原承办检察官办理，可以采取询问、走访、不定期会商、召开联席会议等方式，并制作笔录或者工作记录。

第二十五条 被建议单位在规定期限内经督促无正当理由不予整改或者整改不到位的，经检察长决定，可以将相关情况报告上级人民检察院，通报被建议单位的上级机关、行政主管部门或者行业自律组织等，必要时可以报告同级党委、人大，通报同级政府、纪检监察机关。符合提起公益诉讼条件的，依法提起公益诉讼。

第四章　监督管理

第二十六条　各级人民检察院检察委员会应当定期对本院制发的检察建议的落实效果进行评估。

第二十七条　人民检察院案件管理部门负责检察建议的流程监控和分类统计，定期组织对检察建议进行质量评查，对检察建议工作情况进行综合分析。

第二十八条　人民检察院应当将制发检察建议的质量和效果纳入检察官履职绩效考核。

第二十九条　上级人民检察院应当加强对下级人民检察院开展检察建议工作的指导，及时通报情况，帮助解决检察建议工作中的问题。

第五章　附　则

第三十条　法律、司法解释和其他有关规范性文件对再审检察建议、纠正违法检察建议和公益诉讼检察建议的办理有规定的，依照其规定办理；没有规定的，参照本规定办理。

第三十一条　本规定由最高人民检察院负责解释。

第三十二条　本规定自公布之日起施行，2009 年印发的《人民检察院检察建议工作规定（试行）》同时废止。

生态环境保护典型案例

（最高人民法院 2019 年 3 月 2 日发布）

一、被告人董传桥等 19 人污染环境案

【基本案情】

2015 年 2 月，被告人董传桥将应由黄骅市津东化工有限公司处置的废碱

液交由没有资质的被告人刘海生处置。后刘海生联系被告人刘永辉租用被告人李桂钟停车场场地，挖设隐蔽排污管道，连接到河北省蠡县城市下水管网，用于排放废碱液。2015年2至5月，董传桥雇佣被告人石玉国等，将2816.84吨废碱液排放至挖设的排污管道，并经案涉暗道流入蠡县城市下水管网。同时，从2015年3月起，被告人高光义等明知被告人娄贺无废盐酸处置资质，将回收的废盐酸交由娄贺处置。娄贺又将废盐酸交由无资质的被告人张锁等人处置。张锁、段青松等人又联系李桂钟，商定在其停车场内经案涉暗道排放废盐酸。2015年5月16、17日，石玉国等人经案涉暗道排放100余吨废碱液至城市下水管网。同月18日上午，张锁等人将30余吨废盐酸排放至案涉暗道。下午1时许，停车场及周边下水道大量废水外溢，并产生大量硫化氢气体，致停车场西侧经营饭店的被害人李强被熏倒，经抢救无效死亡。经鉴定，本案废碱液与废盐酸结合会产生硫化氢，并以气体形式逸出；李强符合硫化氢中毒死亡。

【裁判结果】

河北省蠡县人民法院一审认为，案涉废碱液、废盐酸均被列入《国家危险废物名录》，属危险废物。被告人董传桥等违反国家规定，非法处置、排放有毒物质，严重污染环境。其行为均已构成污染环境罪。董传桥等人非法排放废碱液，娄贺等人非法排放废盐酸，均对李强硫化氢中毒死亡这一结果的发生起到了决定性的作用，应对李强的死亡结果承担刑事责任。根据各被告人的犯罪事实、情节和社会危害性，一审法院判决被告人董传桥等犯污染环境罪，判处有期徒刑七年至二年不等，并处罚金。河北省保定市中级人民法院二审对一审刑事判决部分予以维持。

【典型意义】

本案系污染环境致人死亡案件。危险废物具有腐蚀性、毒性、易燃性、反应性、感染性等危险特性，收集、贮存或处置不当，不仅严重威胁生态环境安全，更可能直接危及人体健康甚至生命。近年来，非法处置危险废物现象屡禁不绝，环境风险日益凸显。面对环境污染犯罪呈现的大幅增长态势，坚持最严格的环保司法制度、最严密的环保法治理念，加大对环境污染犯罪的惩治力度，服务保障打好打赢污染防治攻坚战，是人民法院审判工作的重要职责。本案中，被告人董传桥等挖设隐蔽排污管道，将废碱液排放至城市下水管网，被告人张锁等利用同一暗道排放废盐酸，造成一人死亡的特别严重后果。人民法院全面贯彻宽严相济刑事政策，充分发挥环境资源刑事审判的惩治和教育功能，结合各被告人犯罪事实、情节和社会危害性，依法认定提供、运输、排放、倾倒、处置等环节各被告人的刑事责任，从重判处刑罚。本案的审理和判决对于斩断危险废物非法经营地下产业链条、震慑潜在的污染者具有典型意义。

二、被告人卓文走私珍贵动物案

【基本案情】

2015 年 7 月，另案被告人李伟文根据被告人卓文的指使携带两个行李箱，乘坐飞机抵达广州白云机场口岸，并选择无申报通道入境，未向海关申报任何物品。海关关员经查验，从李伟文携带的行李箱内查获乌龟 259 只。经鉴定，上述乌龟分别为地龟科池龟属黑池龟 12 只、地龟科小棱背龟属印度泛棱背龟 247 只，均属于受《濒危野生动植物种国际贸易公约》附录 I 保护的珍贵动物，价值共计 647.5 万元。

【裁判结果】

广东省广州市中级人民法院一审认为，被告人卓文无视国家法律，逃避海关监管，指使他人走私国家禁止进出口的珍贵动物入境，其行为已构成走私珍贵动物罪，且情节特别严重。一审法院判决卓文犯走私珍贵动物罪，判处有期徒刑十二年，并处没收个人财产 20 万元。广东省高级人民法院二审维持一审判决。

【典型意义】

本案系走私《濒危野生动植物种国际贸易公约》附录所列珍贵动物的犯罪案件。生物多样性是人类生存和发展的必要条件，野生动植物种是生物多样性的重要组成部分。没有买卖，就没有杀戮。保护野生动植物是全人类的共同责任。我国作为《濒危野生动植物种国际贸易公约》的缔约国，积极履行公约规定的国际义务，严厉打击濒危物种走私违法犯罪行为。本案中，被告人卓文违反国家法律及海关法规，逃避海关监管，指使他人非法携带国家禁止进出口的珍贵动物入境。人民法院依法认定其犯罪情节特别严重，判处刑罚，彰显了人民法院依法严厉打击和遏制破坏野生动植物资源犯罪的坚定决心。本案的审理和判决对于教育警示社会公众树立法律意识，自觉保护生态环境尤其是野生动植物资源，具有较好的示范作用。

三、东莞市沙田镇人民政府诉李永明固体废物污染责任纠纷案

【基本案情】

生效刑事判决认定，2016 年 3 至 5 月，李永明违反国家规定向沙田镇泥洲村倾倒了约 60 车 600 吨重金属超标的电镀废料，严重污染环境，其行为已构成污染环境罪。2016 年 7 至 9 月，东莞市沙田镇人民政府（以下简称沙田镇政府）先后两次委托检测机构对污染项目进行检测，分别支出检测费用 17500 元、31650 元。2016 年 8 至 9 月，东莞市环境保护局召开专家咨询会，沙田镇政府为此支付专家评审费 13800 元。沙田镇政府委托有关企业处理电镀废料共支出 2941000 元。2016 年 12 月，经对案涉被污染地再次检测，确认重金属含量已符合环保要求，暂无需进行生态修复，沙田镇政府为此支付检测费用 19200 元。沙田镇政府委托法律服务所代理本案，支付法律服务费 39957 元。

【裁判结果】

广东省东莞市第二人民法院一审认为，沙田镇政府为清理沙田镇泥洲村渡口边的固体废物支出检测费用 68350 元、专家评审费 13800 元、污泥处理费 2941000 元，以上合计 3023150 元。沙田镇政府系委托具有资质的公司或个人来处理对应事务，并提交了资质文件、合同以及付款单据予以证明。李永明倾倒的固体废物数量占沙田镇政府已处理的固体废物总量的 25.6%，故李永明按照比例应承担的损失数额为 773926.4 元。沙田镇政府为本案支出的法律服务费亦应由李永明承担。沙田镇政府对于侵权行为的发生及其损害结果均不存在过错。一审法院判决李永明向沙田镇政府赔偿电镀废料处理费、检测费、专家评审费 773926.4 元，法律服务费 39957 元。广东省东莞市中级人民法院二审判决李永明向沙田镇政府赔偿电镀废料处理费、检测费、专家评审费 773926.4 元。

【典型意义】

本案系固体废物污染责任纠纷。生态环境是人民群众健康生活的重要因

素，也是需要刑事和民事法律共同保护的重要法益。生效刑事判决审理查明的事实，在无相反证据足以推翻的情况下，可以作为民事案件认定事实的根据。本案审理法院正确适用《中华人民共和国环境保护法》，在依法惩治污染环境罪的同时，对于沙田镇政府处理环境污染产生的损失依法予以支持，体现了“谁污染，谁治理”的原则，全面反映了污染环境犯罪成本，起到了很好的震慑作用。本案对于责任的划分，特别是对地方政府是否存在监管漏洞、处理环境污染是否及时的审查判断，也起到了一定的规范、指引作用。本案的审理和判决对于教育企业和个人依法生产、督促政府部门加强监管有着较好的推动和示范作用。

四、韩国春与中国石油天然气股份有限公司吉林油田分公司水污染责任纠纷案

【基本案情】

韩国春与宝石村委会于 1997 年签订《承包草沟子合同书》后，取得案涉鱼塘的承包经营权，从事渔业养殖。2010 年 9 月 9 日，中国石油天然气股份有限公司吉林油田分公司（以下简称中石油吉林分公司）位于韩国春鱼塘约一公里的大 -119 号油井发生泄漏，泄漏的部分原油随洪水下泄流进韩国春的鱼塘。中石油吉林分公司于 9 月 14 日至 9 月 19 日在污染现场进行了清理油污作业。大安市渔政渔港监督管理站委托环境监测站作出的水质监测报告表明，鱼塘石油含量严重超标，水质环境不适合渔业养殖。韩国春请求法院判令中石油吉林分公司赔偿 3015040. 36 元经济损失，包括 2010 年养鱼损失、2011 年未养鱼损失、鱼塘围坝修复及注水排污费用。

【裁判结果】

吉林省白城市中级人民法院一审认为，本案应适用一般侵权归责原则，韩国春未能证明损害事实及因果关系的存在，故判决驳回其诉讼请求。吉林省高级人民法院二审认为，韩国春未能证明三次注水排污事实的发生，未能证明鱼塘围坝修复费用、2011 年未养鱼损失与中石油吉林分公司污染行为之间的因果关系，故仅改判支持其 2010 年养鱼损失 1058796. 25 元。最高人民法院再审认为，本案系因原油泄漏使鱼塘遭受污染引发的环境污染侵权责任纠纷。韩国

春举证证明了中石油吉林分公司存在污染行为，鱼塘因污染而遭受损害的事实及原油污染与损害之间具有关联性，完成了举证责任；中石油吉林分公司未能证明其排污行为与韩国春所受损害之间不存在因果关系，应承担相应的损害赔偿责任。排放污染物行为，不限于积极的投放或导入污染物质的行为，还包括伴随企业生产活动的消极污染行为。中石油吉林分公司是案涉废弃油井的所有者，无论是否因其过错导致废弃油井原油泄漏流入韩国春的鱼塘，其均应对污染行为造成的损失承担侵权损害赔偿责任。洪水系本案污染事件发生的重要媒介以及造成韩国春 2010 年养鱼损失的重要原因，可以作为中石油吉林分公司减轻责任的考虑因素。综合本案情况，改判中石油吉林分公司赔偿韩国春经济损失 1678391. 25 元。

【典型意义】

本案系因原油泄漏致使农村鱼塘遭受污染引发的环境污染侵权责任纠纷。司法服务保障农业农村污染治理攻坚战是司法服务保障污染防治攻坚战的重要组成部分，也是司法服务保障乡村振兴战略的重要任务，对于依法解决农业农村突出生态环境问题具有重要意义。本案重申了此类案件双方当事人的举证责任，明确了“排放污染物行为”，不限于积极的投放或导入污染物质的行为，还包括伴随企业生产活动的消极污染行为，并对多种因素造成侵权结果的规则进行了探索。本案的正确审理，体现了环境司法协调平衡保障民生与发展经济之间的关系，既保护了被侵权人的合法权益，体现了对农业水产健康养殖的司法保障，同时也对督促石油企业履行更高的注意义务具有一定的指引作用。

五、常州德科化学有限公司诉原江苏省环境保护厅、原中华人民共和国环境保护部及光大常高新环保能源（常州）有限公司环境评价许可案

【基本案情】

光大常高新环保能源（常州）有限公司（以下简称光大公司）拟在江苏省常州市投资兴建生活垃圾焚烧发电 BOT 项目。2014 年，光大公司向原江苏省环境保护厅（以下简称江苏省环保厅）报送《环境影响报告书》《技术评估意见》《预审意见》等材料，申请环境评价许可。江苏省环保厅受理后，先后

发布受理情况及拟审批公告，并经审查作出同意项目建设的《批复》。常州德科化学有限公司（以下简称德科公司）作为案涉项目附近经营范围为化妆品添加剂制造的已处于停产状态的企业，不服该《批复》，向原中华人民共和国环境保护部（以下简称环境保护部）申请行政复议。环境保护部受理后，向江苏省环保厅发送《行政复议答复通知书》《行政复议申请书》等材料，并向原江苏省常州市环境保护局发送《委托现场勘验函》。环境保护部在收到《行政复议答复书》《现场调查情况报告》后，作出维持《批复》的《行政复议决定书》。

【裁判结果】

江苏省南京市中级人民法院一审认为，德科公司位于案涉项目附近，其认为《批复》对生产经营有不利影响，有权提起行政诉讼，具有原告主体资格。案涉项目环评编制单位和技术评估单位均是具有甲级资质的独立法人，在《环境影响报告书》编制期间，充分保障了公众参与权。江苏省环保厅依据光大公司报送的《环境影响报告书》《技术评估意见》《预审意见》等材料，进行公示、发布公告，并根据反馈情况经审查后作出《批复》，并不违反相关规定。环境保护部作出的案涉行政复议行为亦符合行政复议法及实施条例的规定。一审法院判决驳回德科公司的诉讼请求。江苏省高级人民法院二审认为，江苏省环保厅在审批《环境影响报告书》时已经履行了对项目选址、环境影响等问题的审查职责，故判决维持一审判决。最高人民法院再审审查认为，德科公司并非案涉项目厂界周围的环境敏感保护目标，且当时处于停产状态，没有证据证明德科公司与光大公司之间就案涉环境保护行政许可存在重大利益关系。案涉项目环评过程中保障了公众参与权，江苏省环保厅在作出环境评价许可过程中履行了对项目选址、污染物排放总量平衡等问题的审查职责，亦未侵犯德科公司的权利。江苏省环保厅的环境评价许可行政行为、环境保护部的行政复议行为均符合相关法律、法规的规定。最高人民法院裁定驳回德科公司的再审申请。

【典型意义】

本案所涉项目系生活垃圾焚烧发电项目，对社会整体有益，但也可能对周围生态环境造成一定影响。此类项目周边的居民或者企业往往会对项目可能造成的负面影响心存担忧，不希望项目建在其附近，由此形成“邻避”困境。

随着我国城市化和工业化进程，“邻避”问题越来越多，“邻避”冲突逐渐呈现频发多发趋势。本案的审理对于如何依法破解“邻避”困境提供了解决路径。即对于此类具有公共利益性质的建设项目，建设单位应履行信息公开义务，政府行政主管部门应严格履行监管职责，充分保障公众参与权，尽可能防止或者减轻项目对周围生态环境的影响；当地的公民、法人及其他组织则应依照法律规定行使公众参与权、维护自身合法环境权益。

六、杨国先诉桑植县水利局水利行政协议及行政赔偿案

【基本案情】

桑植县水利局依据湖南省水利厅和桑植县人民政府的相关批复，委托拍卖机构对张家界市桑植县澧水干流、南、中、北源等河流河道砂石开采权进行公开拍卖。期间，张家界大鲵国家级自然保护区管理处（以下简称大鲵自然保护区管理处）函告桑植县水利局在自然保护区河段采砂行为涉嫌违法，要求终止对相关河段采砂权的拍卖。通过竞标，杨国先竞得刘家河花兰电站库区，在缴清100万元成交价及5万元拍卖佣金后与桑植县水利局签订了《张家界市桑植县刘家河花兰电站库区河段河道砂石开采权出让合同》（以下简称《出让合同》）。杨国先为履行合同修建公路一条，造采砂船两套（四艘），先后向银行贷款两笔。杨国先向桑植县水利局申请发放河道采砂许可证，桑植县水利局以杨国先未按要求提交资料为由未予办理。

【裁判结果】

湖南省桑植县人民法院一审认为，争议行政协议项下的采砂河段在实施拍卖和签订出让协议时已是国家级自然保护区范围，属于禁止采砂区域，大鲵自然保护区管理处在发现桑植县水利局的拍卖行为后，按照职责要求终止拍卖，桑植县水利局在未取得自然保护区主管部门批准的情况下不能继续实施出让行为。该河道采砂权有偿出让行为未经国务院授权的有关主管部门同意，桑植县水利局违反禁止性规定，实施拍卖出让，所签订的《出让合同》无效。双方当事人在签订《出让合同》后对采砂许可证的颁发产生误解，最终杨国先因不能提交完整申请材料、不符合颁证条件而未取得采砂许可证，《出让合同》没有实际履行与桑植县水利局在实施行政许可过程中未尽到公示告知职责有一

定的关系。桑植县水利局的上述违法行为致使行政协议未能实际履行，造成的经济损失客观存在，应承担赔偿责任。一审法院判决确认案涉《出让合同》无效，桑植县水利局返还杨国先出让款并赔偿相关损失。湖南省张家界市中级人民法院二审维持一审判决。

【典型意义】

自然保护区是维护生态多样性，构建国家生态安全屏障，建设美丽中国的重要载体。自然保护区内环境保护与经济发展之间的矛盾较为突出，存在资源主管部门与自然保护区管理部门之间的职责衔接问题。现行法律对自然保护区实行最严格的保护措施，人民法院在审理相关案件时，应注意发挥环境资源司法的监督和预防功能，对涉及环境公共利益的合同效力依职权进行审查，通过依法认定合同无效，严禁任意改变自然生态空间用途的行为，防止不合理开发利用资源的行为损害生态环境。本案对在自然保护区签订的采矿权出让合同效力给予否定性评价，由出让人返还相对人出让款并赔偿损失，既是对相对人合法财产权利的保护，也是对行政机关、社会公众的一种政策宣示和行为引导，符合绿色发展和保障自然保护区生态文明安全的理念和要求。

七、江苏省人民政府诉安徽海德化工科技有限公司生态环境损害赔偿案

【基本案情】

2014年4至5月间，安徽海德化工科技有限公司（以下简称海德公司）营销部经理杨峰分三次将海德公司生产过程中产生的102.44吨废碱液，以每吨1300元的价格交给没有危险废物处置资质的李宏生等人处置，李宏生等人又以每吨500元、600元不等的价格转交给无资质的孙志才、丁卫东等人。上述废碱液未经处置，排入长江水系，严重污染环境。其中，排入长江的20吨废碱液，导致江苏省靖江市城区集中式引用水源中断取水40多个小时；排入新通扬运河的53.34吨废碱液，导致江苏省兴化市城区集中式饮水源中断取水超过14个小时。靖江市、兴化市有关部门分别采取了应急处置措施。杨峰、李宏生等人均构成污染环境罪，被依法追究刑事责任。经评估，三次水污染事件共造成环境损害1731.26万元。

【裁判结果】

江苏省泰州市中级人民法院一审认为，海德公司作为化工企业，对其生产经营中产生的危险废物负有法定防治责任，其营销部负责人杨峰违法处置危险废物的行为系职务行为，应由海德公司对此造成的损害承担赔偿责任。案涉长江靖江段生态环境损害修复费用，系经江苏省环境科学学会依法评估得出；新通扬运河生态环境损害修复费用，系经类比得出，亦经出庭专家辅助人认可。海德公司污染行为必然对两地及下游生态环境服务功能造成巨大损失，江苏省人民政府主张以生态环境损害修复费用的50%计算，具有合理性。江苏省人民政府原诉讼请求所主张数额明显偏低，经释明后予以增加，应予支持。水体自净作用只是水体中污染物向下游的流动中浓度自然降低，不能因此否认污染物对水体已经造成的损害，不足以构成无需再行修复的抗辩。一审法院判决海德公司赔偿环境修复费用3637.90万元、生态环境服务功能损失1818.95万元、评估鉴定费26万元，上述费用合计5482.85万元，支付至泰州市环境公益诉讼资金账户。江苏省高级人民法院二审在维持一审判决的基础上，判决海德公司可在提供有效担保后分期履行赔偿款支付义务。

【典型意义】

本案是《生态环境损害赔偿制度改革试点方案》探索确立生态环境损害赔偿制度后，人民法院最早受理的省级人民政府诉企业生态环境损害赔偿案件之一。长江是中华民族的母亲河。目前沿江化工企业分布密集，违规排放问题突出，已经成为威胁流域生态系统安全的重大隐患。加强长江经济带生态环境司法保障，要着重做好水污染防治案件的审理，充分运用司法手段修复受损生态环境，推动长江流域生态环境质量不断改善，助力长江经济带高质量发展。本案判决明确宣示，不能仅以水体具备自净能力为由主张污染物尚未对水体造成损害以及无需再行修复，水的环境容量是有限的，污染物的排放必然会损害水体、水生物、河床甚至是河岸土壤等生态环境，根据损害担责原则，污染者应当赔偿环境修复费用和生态环境服务功能损失。本案还是《中华人民共和国人民陪审员法》施行后，由七人制合议庭审理的案件，四位人民陪审员在案件审理中依法对事实认定和法律适用问题充分发表了意见，强化了长江流域生态环境保护的公众参与和社会监督，进一步提升了生态环境损害赔偿诉讼裁判结果的公信力。

八、中国生物多样性保护与绿色发展基金会诉秦皇岛方圆包装玻璃有限公司大气污染责任民事公益诉讼案

【基本案情】

2015年12月至2016年4月，秦皇岛方圆包装玻璃有限公司（以下简称方圆公司）因未取得排污许可证，玻璃窑炉超标排放二氧化硫、氮氧化物等大气污染物并拒不改正等行为，被秦皇岛市海港区环境保护局分四次罚款共计1289万元。2015年2月，方圆公司签订总金额为3617万元的《玻璃窑炉脱硝脱硫除尘总承包合同》。2016年中国生物多样性保护与绿色发展基金会（以下简称绿发会）提起本案诉讼后，方圆公司缴纳行政罚款共计1281万元，并加快了脱硝脱硫除尘改造提升进程，于2016年6月15日通过环保验收，于2016年6月17日、2017年6月17日取得排污许可证。2016年12月2日，方圆公司再次投入1965万元，增设脱硝脱硫除尘备用设备一套。环境保护部环境规划院环境风险与损害鉴定评估研究中心接受一审法院委托，按照虚拟治理成本法，将方圆公司自行政处罚认定损害发生之日至环保达标之日造成的环境损害数额评估为154.96万元。

【裁判结果】

河北省秦皇岛市中级人民法院一审认为，本案起诉后，方圆公司积极投入，加快治理污染设备的更新改造，诉讼过程中经环保验收已达标排放并取得排污许可证，其非法排放大气污染物的违法行为已经停止。环境保护部环境规划院环境风险与损害鉴定评估研究中心具备法定资质，评估依据已经双方当事人质证，按照虚拟治理成本法计算的环境损害数额包括修复被污染的大气环境的费用和因非法排放大气污染物给环境造成的损害两项内容，应予确认。方圆公司污染大气行为影响群众日常生活，造成了一定的精神损害，应承担赔礼道歉的民事责任。绿发会虽主张差旅费、律师费等费用，但未提交充分证据，考虑本案实际情况予以酌定。一审法院判决方圆公司赔偿损失154.96万元，分三期支付至秦皇岛市专项资金账户，用于该地区的环境修复；在全国性媒体上刊登致歉声明；向绿发会支付因本案支出的合理费用3万元。河北省高级人民法院二审维持一审判决。

【典型意义】

本案系京津冀地区受理的首例大气污染公益诉讼案。大气污染防治是污染防治三大攻坚战之一，京津冀及周边地区是蓝天保卫战的重点区域。本案审理法院正确适用《最高人民法院关于审理环境民事公益诉讼案件适用法律若干问题的解释》，结合绿发会的具体诉讼请求，对方圆公司非法排放大气污染物造成的环境损害进行了界定和评估，积极探索公益诉讼专项资金账户运作模式，确保环境损害赔偿金用于受损环境的修复。本案受理后，方圆公司积极缴纳行政罚款，主动升级改造环保设施，成为该地区首家实现大气污染治理环保设备“开二备一”的企业，实现了环境民事公益诉讼的预防和修复功能，同时还起到了推动企业积极承担生态环境保护社会责任以及采用绿色生产方式的作用，具有良好的社会导向。本案的审理和公开宣判对司法服务保障京津冀及周边地区环境治理和经济社会发展具有重要的示范效应，将对京津冀及周边地区大气污染防治和区域生态文明建设起到积极的促进作用。

九、铜仁市人民检察院诉贵州玉屏湘盛化工有限公司、广东韶关沃鑫贸易有限公司土壤污染责任民事公益诉讼案

【基本案情】

贵州玉屏湘盛化工有限公司（以下简称湘盛公司）、广东韶关沃鑫贸易有限公司（以下简称沃鑫公司）均未取得危险废物经营许可证。2010 年 5 月，两公司建立合作关系，沃鑫公司提供原料给湘盛公司加工，加工费为生产每吨硫酸 240 元，硫酸产品及废渣由沃鑫公司负责接收销售。2011 年 11 月 1 日，两公司签订《原料购销协议》，以湘盛公司名义对外向中金岭南丹霞冶炼厂购买硫精矿原料。2011 年 11 月 1 日至 2015 年 7 月 6 日，湘盛公司共取得硫精矿 66900 吨，用于生产硫酸。2015 年 3 月 30 日至 2018 年 3 月 30 日，湘盛公司整体承包给沃鑫公司独立经营，期间曾发生高温水管破裂事故，导致生产车间锅炉冷却水直接排入厂外河流。上述生产过程中，生产原材料和废渣淋溶水、生产废水流入厂区外，造成厂区外一、二号区域土壤污染。经鉴定，一号区域为灌草地，重金属污染面积约达 3600 平方米，全部为重度污染。二号区域为农田，重金属污染面积达 39500 平方米，91% 的土壤为重度污染，7% 的土壤为

中度污染，2%的土壤为轻度污染。污染地块的种植农作物重金属超标。县环境保护局于2015年、2016年两次责令湘盛公司拆除排污暗管、改正违法行为，处以行政罚款。2016年9月，湘盛公司及其法定代表人梁长训、沃鑫公司余军因犯污染环境罪被追究刑事责任。2017年12月，贵州省环境科学研究设计院出具《损害评估报告》，确认案涉土壤污染损害费用包括消除危险费用、污染修复、期间生态服务功能损失共计639.7万元。

【裁判结果】

贵州省遵义市中级人民法院一审认为，湘盛公司、沃鑫公司均无危险废物经营许可证，不具备危废处理资质。两公司生产过程中实施了污染行为，案涉污染土壤中重金属与湘盛公司生产原料、废渣及排放废水中所含重金属成分相同，具有同源性，且污染土壤区域的重金属含量均远高于对照检测点，足以认定两公司排污行为与案涉土壤及地上农作物中度污染之间的因果关系。两公司先为合作，后为承包，主观上具有共同故意，客观上共同实施了污染行为，应承担连带责任。一审法院判决湘盛公司、沃鑫公司立即停止侵害，在对生产厂区进行综合整改及环境监控，未通过相关环保行政职能部门监督验收前，不得生产；对厂区留存全部原料及废渣进行彻底无污染清除，逾期则应当支付危废处置费60.3万元，聘请第三方处置；对案涉土壤进行修复，逾期则支付修复费用230万元，聘请第三方修复；赔偿生态环境期间服务功能损失127.19万元，承担本案鉴定费38.6万元。

【典型意义】

本案是由检察机关提起的土壤污染民事公益诉讼案件。土壤是经济社会可持续发展的重要物质基础。尤其本案所涉二号区域用途为农用耕地，其上农作物及农产品的安全更是直接关切群众身体健康。本案审理法院依法启动鉴定程序对案涉专业问题作出技术判断，鉴定机构出具的评估报告同时提供了土壤污染的风险判定和具体修复方案，为推动后续土壤修复治理提供了专业技术支撑。本案审理法院还向县政府发出司法建议，建议通过征用程序改变二号区域的农用耕地用途，消除被污染土地继续种植农作物可能带来的人体健康风险。同时，突出保护农用耕地、基本农田的价值理念，将农用耕地用途改变导致农用耕地功能丧失纳入期间服务功能损失，建立了民事裁判与行政执法之间的衔接路径。本案的正确审理，为案涉土壤污染构建了“责任人修复+政府监管

+人民法院强制执行+人民检察院监督”的全新复合治理路径，有力地推进了污染土壤的修复治理，确保实现涉地农业生产环境安全，体现了司法保护公益的良好效果。

十、江苏省宿迁市宿城区人民检察院诉沭阳县农业委员会不履行林业监督管理法定职责行政公益诉讼案

【基本案情】

2016年1至3月，仲兴年于沭阳县七处地点盗伐林木444棵，立木蓄积122余立方米。其中在沭阳县林地保护利用规划范围内盗伐杨树合计253棵。2017年3月7日，沭阳县人民法院以盗伐林木罪判处仲兴年有期徒刑七年六个月，并处罚金3万元，追缴违法所得2.4万元。2017年9月29日，江苏省宿迁市宿城区人民检察院（以下简称宿城区检察院）向沭阳县农业委员会（以下简称沭阳农委）发送检察建议，督促沭阳农委对仲兴年盗伐林木行为依法处理，确保受侵害林业生态得以恢复。沭阳农委于2017年10月16日、12月15日两次电话反映该委无权对仲兴年履行行政职责，未就仲兴年盗伐林木行为进行行政处理，案涉地点林地生态环境未得到恢复。2018年3月27日，沭阳农委仅在盗伐地点补植白蜡树苗180棵。

【裁判结果】

江苏省宿迁市宿城区人民法院一审认为，沭阳农委作为沭阳县林业主管部门，对案涉盗伐林木等违法行为负有监督和管理职责。仲兴年在林地保护利用规划范围内盗伐林木，不仅侵害了他人林木所有权，也损害了林木的生态效益和功能。宿城区检察院经依法向沭阳农委发送检察建议，督促沭阳农委依法履职无果后，提起行政公益诉讼，符合法律规定。仲兴年因盗伐林木行为已被追究的刑事责任为有期徒刑、罚金、追缴违法所得，不能涵盖补种盗伐株数十倍树木的行政责任。沭阳农委收到检察建议书后未责令仲兴年补种树木，其嗣后补种的株数和代履行程序亦不符合法律规定，未能及时、正确、完全履行法定职责。一审法院判决确认沭阳农委不履行林业监督管理法定职责的行为违法，应依法对仲兴年作出责令补种盗伐253棵杨树十倍树木的行政处理决定。

【典型意义】

本案是检察机关提起的涉林业行政公益诉讼。林木除具有经济价值外，还具有涵养水源、防风固沙、调节气候以及为野生动物提供栖息场所等生态价值。任何组织和个人均有义务保护林业生态环境安全。林业行政主管部门更应恪尽职守，依法履职。《中华人民共和国森林法》第三十九条规定："盗伐森林或者其他林木的，依法赔偿损失；由林业主管部门责令补种盗伐株数十倍的树木，没收盗伐的林木或者变卖所得，并处盗伐林木价值三倍以上十倍以下的罚款。滥伐森林或者其他林木，由林业主管部门责令补种滥伐株数五倍的树木，并处滥伐林木价值二倍以上五倍以下的罚款。拒不补种树木或者补种不符合国家有关规定的，由林业主管部门代为补种，所需费用由违法者支付。盗伐、滥伐森林或者其他林木，构成犯罪的，依法追究刑事责任。"林业纠纷案件多具融合性，同一违法行为往往涉及刑事、民事和行政不同法律责任。本案的正确审理，有助于进一步厘清涉林业检察公益诉讼中刑事责任、行政责任以及民事责任的关系和界限，依法全面保护林业生态环境安全。本案审理法院还组织省市县三级120余家行政执法机关的150余名工作人员以及10位人大代表、政协委员旁听庭审，起到了宣传教育的良好效果。

[司法实务问题研究]

涉"网约车"交通事故案件的法律问题探析

——以侵权责任法为视角

王　蕾*

内容摘要： 近几年，"网约车"即网络预约出租车作为"互联网+"时代的新兴产物，从出现到合法化，展现出了强大的生命力和广阔的市场前景，逐渐成为老百姓日常生活中不可或缺的出行方式。它在给人们生活带来巨大便利的同时，所引发的法律层面的问题也逐渐凸显，引人深思。尤其当"网约车"发生交通事故时，网约车平台公司具有什么法律地位，谁应当对此承担责任，网约车平台公司是否负有责任等问题更是备受关注。本文从网约车现有经营模式入手，根据不同的经营模式的不同特点，着重分析网约车平台公司与驾驶员之间的法律关系、承担责任的法律主体等热点问题。

关键词： 网约车　经营模式　法律地位　责任主体

一、问题的提出

案例一"郑州空姐遇难案""乐清女孩滴滴顺风车遇害案"

2018年5月5日晚上，一名年仅21岁的郑州空姐刚执行完飞行任务，在

* 作者单位：浙江省温州市中级人民法院。

郑州航空港区通过滴滴叫了一辆网约车赶回市里。不料在返回市区的路上，惨遭司机杀害。该事件发生后，滴滴公司发表声明并称“作为平台辜负了用户的信任，在这件事情上，负有不可推卸的责任”。令人意想不到的是，在该事件发生后的仅三个月悲剧再次上演。2018 年 8 月 24 日，年仅 20 岁的乐清女孩乘坐滴滴顺风车从乐清虹桥前往永嘉上塘。途中，通过微信向朋友发出求助信息，但遗憾的是仍然未能逃脱惨遭杀害的悲剧。一时间关于网约车的安全及监管的讨论引发热议，尤其是网约车平台是否应当承担法律责任的问题备受关注。

案例二“张志广与阳光财产保险股份有限公司北京分公司财产保险合同纠纷一案”①

上诉人（原审原告）：张志广。

被上诉人（原审被告）：阳光财产保险股份有限公司北京分公司。

案件基本事实：涉案车辆登记所有人为张志广，登记使用性质为非营运。2016 年 7 月 6 日，张志广在保险公司投保了交强险、机动车损失保险、第三者责任保险等。2017 年 2 月 13 日 22 时 20 分，张志广驾驶被保险车辆与路中间水泥柱接触，造成车辆受损，张志广负全部责任。事发后，张志广立即通知保险公司，保险公司派工作人员到事故现场进行查勘，并对张志广进行了询问。问：“车从哪准备去哪?”答：“从二姨家（东沙各庄）到机场接人（乘客）。”问：“车平时都干什么用?”答：“平时拉活，跑滴滴。”张志广在询问笔录上签字确认。2017 年 2 月 16 日，保险公司向张志广出具《机动车辆保险拒赔通知书》，内容主要为：经保险公司查勘核实，张志广的车辆从事非法营运活动，因此造成的损失不属于保险责任内的事故，不能给予赔付。

一审法院认为：本案中被保险车辆登记使用性质为非营运。而事故发生时该车辆从事营运，改变了车辆使用性质，导致危险程度显著增加。张志广未就此通知保险公司，因此发生的保险事故，保险公司不应承担保险责任。判决：驳回张志广的诉讼请求。

二审法院认为，以家庭自用名义投保的车辆，从事营运活动，致使车辆的风险显著增加，投保人应当及时通知保险公司，保险公司可以增加保费或者解

① 详见北京市第三中级人民法院（2017）京 03 民终 4938 号民事判决书，来源于中国裁判文书网。

除合同并返还剩余保费。张志广虽上诉称其并非常态化运营，只是偶然用作顺风车，但在事故发生后保险公司工作人员对其所做机动车辆保险事故现场查勘询问笔录中，向其询问“车平时都干什么用”时，其答复“平时拉活，跑滴滴”；向其询问“车从哪准备去哪”时，其答复“从二姨家（东沙各庄）到机场接人（乘客）”。依据上述笔录内容，张志广认可平时使用家庭自用车辆从事网约车运营，且事故发生在运营过程中。综上，现有证据显示，张志广未就其上述改变车辆用途行为通知保险公司，且诉争保险事故系其从事营运活动时造成，故保险公司不应承担相应的保险赔偿责任。判决：驳回上诉，维持原判。

案例三“中国平安财产保险股份有限公司上海分公司与宋进军、张德宏机动车交通事故责任纠纷一案”①

上诉人（原审被告）：中国平安财产保险股份有限公司上海分公司。

被上诉人（原审原告）：宋进军。

被上诉人（原审被告）：张德宏。

案件基本事实：2015 年 11 月 14 日 23 时许，张德宏驾驶涉案机动车与案外人季某某驾驶的宋进军所有的小型越野客车发生碰撞，致宋进军车辆受损。经交警部门认定，张德宏负事故全部责任。肇事机动车事发前于平安财险上海分公司投保了交强险及商业险。

一审法院认为：保险公司主张因张德宏事发时系进行网络拼车活动，属经营行为，改变了车辆用途，故不应在商业险范围内理赔。法院认为目前行政法规并未将网络拼车活动定义为营运行为，保险公司以此为由要求免除商业险理赔责任，并无法律依据，法院不予采信。

二审法院认为，保险公司是否需要在商业三者险范围内承担赔偿责任。首先，关于网约拼车行为的性质。本案中张德宏驾驶私家车在嘀嗒拼车平台上从事拼车活动。依据现有的法律法规，对私人小客车合乘，或称为拼车、顺风车的行为，法律上没有禁止性规定，也尚未将此明确定义为营运性行为。其次，保险公司称因为张德宏的拼车行为导致保险标的的危险性显著增加，符合保险法和保险条款约定，但是其并未提供证据证明拼车行为和保险标的危险性显著

① 详见上海市第二中级人民法院（2016）沪 02 民终 9381 号民事判决书，来源于中国裁判文书网。

增加之间存在必然联系，且其亦未提供证据证明其对保险免责条款已尽到合理的提示、告知和说明义务，故该免责条款在本案中并不适用。因此，原审法院判决保险公司应当在商业三者险范围内承担赔偿责任并无不当，予以支持。

通过以上案例可以看出，关于网约车的性质等问题不同地区不同法院的认识存在重大分歧，除该问题外，随着这一新兴模式的出现和发展，诸多法律问题比如网约车与平台之间属何种法律关系、平台是否应当承担法律责任等，均亟待理论和实务界予以明析。

二、“网约车”的发展历程和“立法”现状

“网约车”，是网络预约出租汽车的简称（本文中均简称“网约车”），是指以互联网和手机软件为交易平台，以具有出车资格能力的车主为有出行需求的乘客提供服务的一种打破传统出租车模式的新型模式。国内的网约车交易基本起步于2011年，短短几年的时间这些平台悄然兴起，滴滴、优步（Uber）、神州专车、易到等网络约车平台相继壮大。[①] 2014年以来北京、上海、广州、成都、济南、青岛等地针对滴滴专车、优步专车等开展了执法查处行动，2015年“专车第一案”在济南市中级人民法院进行审理，同年10月上海交通管理部门宣布颁发我国第一张互联网专车经营牌照。到2016年初，单日成交量已经超过1000万单以上，全国已有超过400个城市开通专车服务。网约车的出现造成城市客运领域的强烈震动，冲击了以特许经营为基础的出租汽车行业。[②]

2016年7月28日，国务院办公厅印发了《关于深化改革推进出租汽车行业健康发展的指导意见》，交通运输部联合公安部等七个部门联合出台了《网络预约出租汽车经营服务管理暂行办法》，网约车实现了合法化。该办法对网约车平台公司、网约车车辆和驾驶员的条件、网约车经营行为等方面作出明确规定。在总的政策指导下，2016年10月，北京、上海、广州、深圳四大城市同时分别颁布了各自城市的《网络预约出租汽车经营服务管理暂行办法》，使

① 朱娟娟：《论网络预约租车的发展情况和法律现状》，载《法制与社会》2017年第3期。

② 侯登华：《“四方协议”下网约车的运营模式及其监管路径》，载《法学杂志》2016年第12期。

网约车合法化的进程进一步加深和细化。①

之后，各地根据不同的发展规模和发展水平制定了地方性法规或规范性文件，因此，当前网约车“立法”现状的最大特点即“一城一策”，各地宽严不一。比如，北京和上海地区要求网约车需符合京籍京牌。广州市则要求驾驶员要持有本市网约车从业资格证，且此时名下无正在经营的网约车，对司机学历的要求并不高，只要具备初中以上或同等学力即可，且要求驾驶员无暴力犯罪、危险驾驶犯罪、交通肇事犯罪等记录。温州市于 2016 年 12 月 30 日出台《温州市网络预约出租汽车经营服务管理实施细则（试行）》，并于 2017 年 2 月 1 日开始实施。该实施细则规定，拟从事网约车经营的车辆，车辆所有人应当向公安机关车辆管理部门申请登记或变更车辆使用性质为预约出租客运。

三、“网约车”现行的经营模式及引发的法律问题

网约车如何经营？在了解网约车现有的经营模式之前，需明确关于网约车经营的相关定义。《网络预约出租汽车经营服务管理暂行办法》对网约车经营、网约车经营者等概念已作出明确界定。网约车经营服务，是指以互联网技术为依托构建服务平台，整合供需信息，使用符合条件的车辆和驾驶员，提供非巡游的预约出租汽车服务的经营活动。该定义将网约车与传统的城市巡游出租车予以明确区分。网络预约出租汽车经营者，即网约车平台公司，是指构建网络服务平台，从事网约车经营服务的企业法人。

（一）现行的经营模式

当前，根据网约车平台公司类型的不同，网约车主要可以分为两类，一是轻资产管理模式网约车，以经营过程管理为本位，以大数据为基础，最典型的代表例如滴滴行车，平台公司自身无车辆投入运营，仅提供服务平台，由符合网约车条件的车辆申请加入该平台从而参与运营。二是重资产管理模式网约车，以经营资质管理为本位，以拥有大量管理人员、经营车辆以及驾驶员为特征，最典型的代表如首汽约车、神州专车等，在该模式下，平台公司自己投入车辆并聘请驾驶员提供运营服务。上述两种模式最大的区别在于车辆和驾驶员的来源，即车辆和驾驶员与平台公司的关系存在本质上的不同。关于第一类轻

① 姜晓伟：《网约车合法化的历程和现状分析》，载《领导之友（理论版）》2017 年第 9 期。

资产模式网约车，根据网约车的车辆和驾驶员的来源又可以进一步细分。网约车车辆主要有两种来源，一是汽车租赁公司将公司所有的车辆加入平台投入运营；二是私家车辆经申请成功后参与运营。相对地，驾驶员来源也主要分为两种，即汽车租赁公司聘请的驾驶员以及私家车主充当驾驶员。

由此，在实践中形成了三种最常见的经营模式，即“私家车+私家车主”模式、“汽车租赁公司车辆+租赁公司驾驶员”模式、“平台自有车辆+平台驾驶员”模式。

（二）引发的法律问题

1. 网约车模糊了营运与非营运的界限

网约车运营中，大量的私家车出现在运营平台上，虽然客观上实现了车辆和人员的集约利用，但车辆和人的专职与兼职、营运与非营运的界限逐步模糊、难以界定。① 尤其是不具有运输资格从业证的私家车主将家庭自用非营运车辆加入平台参与营运，对原来以持有营运资质及从业资格为前提的传统出租汽车服务行业造成了巨大的冲击，混淆了原本泾渭分明的以特许经营为基础的营运与非营运的界限。车辆的营运与非营运性质，在交通事故案件处理中可能直接影响驾驶员是否具有过错、保险公司能否免赔等问题的认定，如上述案例二、三。

2. 网约车服务平台的法律地位的认定存在重大分歧

虽然《网络预约出租汽车经营服务管理暂行办法》第十六条明确规定，网约车平台公司承担承运人责任，应当保证运营安全，保障乘客合法权益。但从平台公司自身而言，显然他们并不认同且坚决否认其系承运人的法律地位。例如，滴滴专车在其《专车使用条款》第1条“我们的服务”就规定，“滴滴出行平台提供的不是出租、租车及/或驾驶服务，我们所提供的仅是租赁车辆及驾驶人员的相关信息。我们只是您和供应商之间的平台。因此，租车服务供应商向您提供的租车服务受到您与租车服务供应商之间协议条款的约束；驾驶服务供应商向您提供的驾驶服务受到您与驾驶服务供应商之间的协议条款的约束。”而另一网约车平台优步专车在其“服务协议”中规定，“为了避免疑问，特澄清如下信息：优步出行平台本身不提供汽车服务，并且优步也不是一家承

① 侯登华：《“四方协议”下网约车的运营模式及其监管路径》，载《法学杂志》2016年第12期。

运商。汽车服务是由汽车服务提供商提供的，您可以通过使用应用程序和/或服务发出请求。优步只是充当您和汽车服务提供商之间的中间人。因此，汽车服务提供商向您提供的汽车服务受到您与汽车服务提供商之间（将要）签订的协议的约束。优步绝不是此类协议中的一方。”① 而实务界对于平台公司是否系承运人亦众说纷纭，比如有观点认为暂行管理办法将平台公司直接规定为承运人，过于简单笼统，未考虑不同经营模式下网络平台公司的地位。②

3. 网约车运营过程中各民事主体之间的法律关系更加错综复杂

网约车运营过程涉及诸多法律关系主体，其中包括平台公司、汽车租赁公司、专车驾驶员、私家车主驾驶员以及消费者等。法律关系主体的多元化导致了法律关系的复杂化，比如：平台公司与汽车租赁公司之间，平台公司与私家车主之间，消费者与驾驶员之间，消费者与平台公司之间等，一系列法律关系相互交叉且异常复杂。尤其是，轻资产模式和重资产模式下，驾驶员、车辆与平台公司之间的不同关系，导致不同模式下法律关系的厘清愈加复杂。

四、“网约车”不同经营模式下的法律问题分析

（一）网约车性质的界定——关于“营运”与“非营运”之争

在交通事故案件中，区分车辆营运与非营运性质对案件处理结果有重要影响。按照我国现行制度，机动车交强险系法律规定的强制保险，而商业险由车主自愿选择，但是众所周知，为了规避和转嫁风险，绝大多数车主均会选择投保商业险。保险合同为双务合同，保险费与保险赔偿金为对价关系，保险人依据投保人告知的情况，评估危险程度而决定是否承保以及确定保费。保险合同订立后，如果危险程度显著增加，保险事故发生的概率超过了保险人在订立保险合同时的合理预估，如果仍然按照之前保险合同的约定要求保险人承担保险责任，显然对保险人有失公平。因此，机动车商业责任保险条款明确规定，被保险机动车改变使用性质，被保险人、受让人未及时通知保险人，且因改变使用性质等导致被保险机动车危险程度显著增加的，保险人不负责赔偿。在当前车辆保险领域中，保险公司根据被保险车辆的用途，将其分为家庭自用和营运

① 侯登华：《共享经济下网络平台的法律地位——以网约车为研究对象》，载《政法论坛》2017 年第 1 期。

② 赵永英：《不同模式下网约车服务的相关法律问题分析》，载《社科纵横》2017 年第 7 期。

车辆两种，并设置了不同的保费费率。相较于家庭自用车辆，营运车辆的运行里程多，使用频率高，故无论从社会常识的角度还是保险公司对风险的预估角度，营运车辆发生保险事故的概率更大，因而营运车辆的保费远高于家庭自用的车辆保费。

从网约车角度出发，重资产模式下由于车辆来源于平台公司本身，用途为从事网约车服务，因此，往往性质上不会存在争议。争议的一般发生在轻资产模式下。在该模式下，汽车租赁公司或私家车主将原本并非用于从事客运经营的车辆投入运营，使用性质是否已发生改变？在涉及网约车交通事故案件中，能否将该车辆定性为营运车辆，进而从保费收取、被保险人的告知义务以及是否导致被保险机动车危险程度显著增加，甚至保险公司能否据此主张不承担保险赔付责任等方面予以从严审查？经查询各地规定，北京、深圳、杭州、温州等地关于网络预约出租汽车经营服务管理暂行办法或实施细则均明文规定，申请网络预约出租汽车运输证的车辆，登记车辆使用性质应为"预约出租客运"。拟从事网约车经营的车辆，车辆所有人应当向公安机关车辆管理部门申请登记或变更车辆使用性质为"预约出租客运"；而七部委联合下发的《网络预约出租汽车经营服务管理暂行办法》以及上海等地却并无此方面的明文要求。

从北京等地的规定来看，申请网约车运输证的前提需将车辆使用性质予以登记为"预约出租客运"，显然已明确车辆使用性质为营运。而对于上海等地未要求将登记车辆使用性质予以变更的情况，笔者认为，车辆行驶证中关于车辆使用性质的登记仅是行政管理范畴对车辆办理登记手续时的一种确认，是一种形式上的审查确认，但对于车辆事实上从事网约车服务，则应当从实质上进行审查。所谓营运机动车，是指从事以营利为目的的道路运输活动的机动车，包括货运和客运。汽车租赁公司或私家车主将自有车辆通过平台为顾客提供点到点的运输服务，并获取营运利益，实质上已在从事营运经营，使用性质已发生根本改变。因此，在案件审理过程中应将其定性为营运性质。当然需要特别指出的是，私家车虽然申请作为网约车从事客运服务，但也不排除私家车主驾驶该车辆作自用的情况，因此，在个案处理过程中仍然应从私家车主驾车的目的、路线以及是否在从事经营活动等具体情况予以区别对待。

（二）法律关系的厘清

网约车经营模式的不同，导致了各主体之间的法律关系甚为复杂，其中最难认定的系网约车平台公司与驾驶员之间的法律关系。《网络预约出租汽车经营服务管理暂行办法》第十八条规定，网约车平台公司应当保证提供服务的驾驶员具有合法从业资格，按照有关法律法规规定，根据工作时长、服务频次等特点，与驾驶员签订多种形式的劳动合同或者协议，明确双方的权利和义务。可见，网约车平台公司与驾驶员之间的法律关系包括但不限于劳动关系，应根据平台公司与驾驶员约定的权利义务内容加以甄别，这进一步加大了审判实务中的认定难度。

1.“平台公司自有车辆+平台驾驶员”模式——劳动关系说

在该模式中，平台公司以自有车辆投入运营，车辆所有权和经营权都属于平台公司所有，驾驶员由平台公司统一招聘，享受平台公司提供的工资待遇。从平台公司与驾驶员之间的权利义务内容来看，二者之间符合原劳动和社会保障部《关于确立劳动关系有关事项的通知》第一条规定的认定劳动关系成立的实质要件，因此，平台公司与驾驶员之间系劳动合同关系，平台公司系用人单位，驾驶员系平台公司的员工。

2.“私家车+私家车主”模式——挂靠说与居间合同说

居间合同说认为，网络平台公司仅作为居间人向网约车司机提供订立合同的媒介服务，并由网络平台公司从乘客支付给司机的费用中抽取一定比例的报酬，客运合同的主体为司机和乘客。① 挂靠说认为，网约车驾驶员以平台公司的名义，驾驶自己的车辆进行网约车经营活动，平台公司收取一定比例费用，网约车驾驶员自己独立经营，自负盈亏，网约车驾驶员为挂靠人，平台公司为被挂靠人。②

笔者认为，居间合同属于提供劳务合同，居间人须按委托人的指示和要求进行居间活动。在网约车服务过程中，平台将乘客需求与车辆进行匹配，并直接指派具体车辆提供服务。这显然与居间合同的本质不同。所谓机动车挂靠，主要是指为了满足车辆运输经营管理上的需要，个人将自己出资购买的机动车挂靠于某个具有运输经营权的公司，向该公司缴纳或不缴纳一定的管理费用，

① 蔡利军：《网约车司机与网络平台之法律关系探究——以损害赔偿责任主体认定为视角》，载《法制博览》2017年第5期。

② 吴仕清、林睿智：《网约车侵权赔偿责任主体问题研究》，载《三明学院学报》2016年10月。

并以该公司的名义对外进行运输经营。[①] 从私家车加入网络平台，根据网络平台发布的信息从事营运，在完成运输业务后向网络平台缴纳一定比例的费用等客观特征上分析，更符合挂靠关系的本质。

3. "汽车租赁公司车辆+租赁公司驾驶员"模式——合作关系说

汽车租赁公司拥有网约车的所有权，其招聘驾驶员从事网约车运营。此种模式下，驾驶员系直接与汽车租赁公司发生法律关系，而与网络平台公司并无直接的法律关系。网络平台公司的控制力较弱，亦不存在对驾驶员和车辆的直接管理与使用。因此，有观点认为，此模式下汽车租赁公司与平台公司是合作关系。笔者认为，合作关系并非法律范畴的概念，而网约车平台公司与汽车租赁公司之间又不符合法律意义上合伙关系的构成要件。相较于私家车主将自有车辆加入平台从事运营，此模式的特点则系汽车租赁公司将其所有的车辆批量加入网约车运营队伍，本质上并无二致，在没有更为贴切的法律关系定性的情况下，参照私家车主将车辆加入平台从事网约车服务经营模式的处理并无不妥。但是，需要注意的是，该模式下，车辆驾驶员与汽车租赁公司存在直接的法律关系，汽车租赁公司的责任和义务不应予以忽视。

（三）网约车平台公司的法律地位之分析——承运人与否

在网约车运营过程中，最核心的问题是网约车服务平台的法律地位的认定，目前，对此尚未形成统一的观点，有观点认为网约车服务平台仅仅是交通信息的提供者，即信息供应商。有观点认为网约车平台公司主要作用在于促成乘客与网约车达成合意，系居间人的身份。也有观点认为，网约车平台是运输服务合同的提供者，即承运人。

笔者赞同第三种观点，理由如下：第一，从合同订立的双方真实意思表示来看，网约车乘客通过手机软件发出要约（要约内容包括价款、起点、终点、车型等），网约车平台通过相同平台作承诺，在约定时间实施运输行为，并在运输行为结束后根据议定价格（这一价格标准往往是网约车平台事先公示的）收取乘客费用。[②] 至于网约车平台公司指派何车辆完成该运输行为，以及该车辆与平台之间系何种法律关系，均不影响平台公司与乘客之间订立客运合同关

① 程啸：《机动车损害赔偿责任主体研究》，载《法学研究》2006年第4期。

② 侯登华：《共享经济下网络平台的法律地位——以网约车为研究对象》，载《政法论坛》2017年第1期。

系的意思表示。第二，从网约车运营的实际情况看，网约车平台是网约车运营行为的组织者、主导者、调度者，也是网约车运输服务合同内容的制定者、实施者和使用者，网约车的计费规则、收益分配规则、服务内容、标准和规范以及服务质量保障等均由网络平台制定和执行。第三，在网约车运营中，乘客把费用付给网约车平台，根据需要，由网络平台公司开具发票、纳税，也即运输合同由网络平台作为交易一方提供网约车运输服务并收取价款，乘客作为另一方享受网约车运输服务并支付价款。至于收取费用如何在各个主体间分配也完全由网约车平台决定，且亦不影响乘客向网约车平台支付运输费用的义务。① 综上，确立网约车平台公司承运人的法律地位更符合我国网约车运营的实际情况，也抓住了网约车运营的实质。

（四）责任主体的认定

《网络预约出租汽车经营服务管理暂行办法》第十六条规定，网约车平台公司承担承运人责任，应当保证运营安全，保障乘客合法权益。第二十三条规定，网约车平台公司应当依法纳税，为乘客购买承运人责任险等相关保险，充分保障乘客权益。可见，对于乘客的损害赔偿责任，该暂行办法已经作出了明确的规定。本部分仅从侵权责任角度出发，分析网约车发生交通事故与第三人之间责任主体的认定。

1. 劳动关系模式下

根据侵权责任法第三十四条第一款规定，用人单位的工作人员因执行工作任务造成他人损害的，由用人单位承担侵权责任。因此，当网约车平台公司聘请的驾驶员在驾驶网约车过程中发生交通事故致人损害，应由平台公司作为用人单位承担无过错责任，网约车驾驶员不是侵权赔偿责任的主体。

2. 挂靠模式下

私家车主将自有私家车或汽车租赁公司将其所有的车辆加入平台公司从事网约车经营服务的情况下，对于乘客而言，其系选择某网约车平台订立运输合同，势必产生一种信赖。网约车平台公司将与乘客之间达成的运输服务合同中的运输义务交由他人来完成，等于自愿承担了他人营运中可能为其带来的风险。其次，机动车运输经营活动属于一种高度危险活动，根据侵权责任法的理

① 侯登华：《共享经济下网络平台的法律地位——以网约车为研究对象》，载《政法论坛》2017 年第 1 期。

论，开启某种危险、从某种危险活动中获得利益的主体应当承担相应的责任。再次，平台公司通过挂靠车辆的运行获取利益，其获取的利益不限于一定比例的提成费用或管理费，也不限于经济方面的利益，如市场占有比例提高、影响力增大等，① 均是获益的表现。因此，挂靠关系模式下，当网约车发生交通事故造成损害，属于该车方的责任，应当由实际营运人与网约车平台公司承担连带责任，这也符合运行支配与运行利益相结合的公认标准。

五、结语

近几年，"网约车"作为新兴事物以雨后春笋之势在全国各城市迅猛发展，尤其是七部委联合下发《网络预约出租汽车经营服务管理暂行办法》后，网约车走向合法化的舞台，进一步得以发展壮大。但是，对于新兴事物，法律的规制和政策的约束往往滞后。当前关于网约车法律层面的研究不多，笔者以期通过本文的写作，引发思考和讨论，以对审判实务产生一定的促进作用。

基层法院家事审判制度改革方向的倡导

——以洪泽法院近两年家事案件审理为样本

鲁海军**

内容摘要：家事审判改革在最高人民法院的推动下，试点法院在创新审判制度改革中逐渐摸索出一条适合我国国情的家事审判程序、诉非衔接诉前化解、心理干预等工作机制，但在法院内设机构改革的大潮下，家事纠纷出现的新情况、新问题，家事审判改革还面临着重大挑战。本文从家事审判改革的视

① 最高人民法院民事审判第一庭编著：《最高人民法院关于道路交通损害赔偿司法解释的理解与适用》，人民法院出版社2015年版，第55页。

** 作者单位：江苏省淮安市洪泽区人民法院。

角，通过剖析洪泽法院家事审判中存在的问题情况，深挖存在的原因，有针对性地从注重更新家事审判理念、家事审判特别程序构建、坐堂问案向强化职权倡导、诉中裁判向诉前息讼劝导倡导、单打独斗向多部门联动调处倡导等五个方面提出对策建议，切实从源头上化解家事纠纷。

关键词：家事审判改革　诉非衔接　心理干预　职权干预

党的十八届四中全会提出依法治国的宏伟方略，2016 年 4 月，最高人民法院发布的《关于开展家事审判方式和工作机制改革试点工作的意见》明确：在各省、自治区、直辖市高级人民法院推荐基础上，确定 100 个左右基层人民法院和中级人民法院开展家事审判方式和工作机制改革试点工作。在此种背景下，各地法院包括笔者所在法院都在积极探索和创新家事审判制度，本文将以洪泽法院 2016、2017 年家事纠纷案件为样本，深入分析家事审判呈现的特点、现行家事审判制度存在的问题，并以此管中窥豹，从中提出相应对策建议，以期能对以洪泽法院为代表的基层法院在探索、创新家事审判制度改革给予参考借鉴。

一、样本分析：现行家事审判概况

洪泽隶属于淮安市，洪泽法院属于市辖区八个基层法院的中的一个，2016 年设置独立编制的少年家事审判庭，实现家事案件专业化审判，平均每年审结家事纠纷案件 500 余件，由于该院倡导并实践的矛盾纠纷多元化解品牌“无讼村居”创建工作，畅通诉前、诉中纠纷化解渠道，将大量带有苗头性、倾向性的传统民事案件化解在矛盾纠纷的源头，使其止步于讼。因而该院的家事纠纷案件数量呈下降趋势。洪泽法院在 2016、2017 年两年间，共受理涉及婚姻家事类案件 1055 件，结案 994 件，其中 2016 年受理 546 件，当年结案 502 件，2017 年受理 509 件，当年结案 492 件，两年的收结案比分别为 91.94%、96.66%，案件数量同比下降、结案比同比上升，足以说明该院探索创新的家事审判改革显见成效。从家事纠纷案件占全院民商案件总数情况来看，其约占四分之一，该部分案件总数的比重之高，已经引起了法院对家事纠纷审判制度改革的重视，并在探索中创新；从家事纠纷类型来看，离婚案件在 2016 年是 460 件，占当年家事纠纷案件总数的 84.25%，在 2017 年是 425 件，占当年家事纠纷案件总数的 85.46%，可以说离婚纠纷占据家事纠纷案件数的主要部

分。(详见图1)

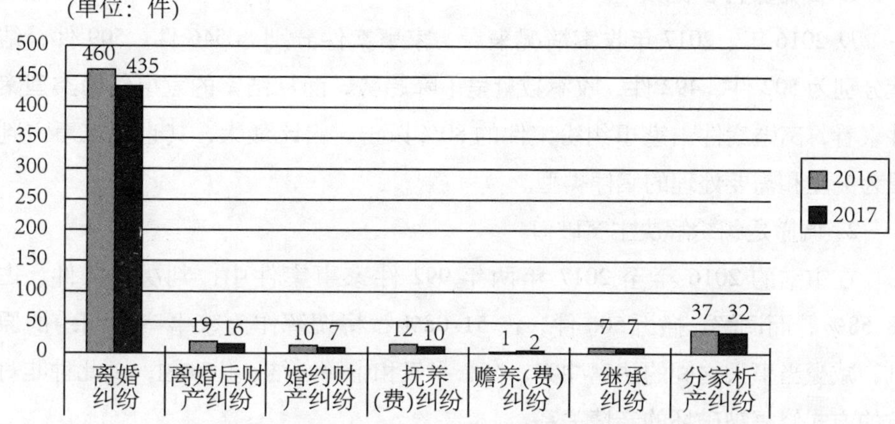

图1 洪泽法院2016年至2017年婚姻家事案件类型图

从收结案的数量分布来看，离婚纠纷纠纷、婚约财产纠纷、抚养费纠纷、继承纠纷、分家析产纠纷等在2016年、2017年的案件数量起伏不大，说明上述七类案件是当前家事纠纷主要的处理对象。

从家事纠纷审理涉及的人员关系来看，除了夫妻关系中的双方之外，还涉及他们的子女、父母，除了人格身份关系的处理之外，还包括了共同或共有财产的处置，即人身关系处理中夹杂着财产关系。

从案件处理结果来看，2016年判决结案的242件，占当年家事纠纷结案数的48.21%，而调撤案件数为259件，占当年家事纠纷结案数的51.59%，占据多数。这种情况也同样发生在2017年，其判决结案的240件，而调撤案件数为247件，占当年家事纠纷结案数的50.20%，可见调撤结案是主要的结案方式。(详见表1)

表1 洪泽法院2016年至2017年家事案件结案方式情况统计表

类型 法院	收案(件)	结案(件)	结案方式			
			判决(件)	调解(件)	撤诉(件)	其他(件)
2016年	546	502	242	176	83	1
2017年	509	492	240	170	77	5

家事纠纷审判中呈现以下四个方面的特点。

1. 离婚案件占比大

从2016年、2017年收案情况来看，家事案件分别为546件、509件，结案分别为502件、492件，收案数量呈下降趋势，而从结案的家事纠纷类型案件来看，离婚案件占家事纠纷案件的80%以上，占比最大，其也是家事审判最为关注和需要处理的案件类型。

2. 调撤是纠纷解决主突破口

在审结的2016年至2017年两年992件家事案件中，判决482件，占48.58%，而调解、撤诉506件，占51.08%；将调解作为家事案件纠纷的原则，减少当事人之间的法庭冲突，在心平气和中解心结、化难题，以此种非对抗的方式修复被破坏的亲情关系。

3. 离婚年龄呈年轻化

通过数据分析，离婚当事人年龄段主要集中在70、80、90后，他们约占离婚案件当事人的30%，可以说离婚呈年轻化。反观60周岁年龄段，仅有5%至8%的老人选择离婚，婚姻关系相对比较稳定。（详见图2）

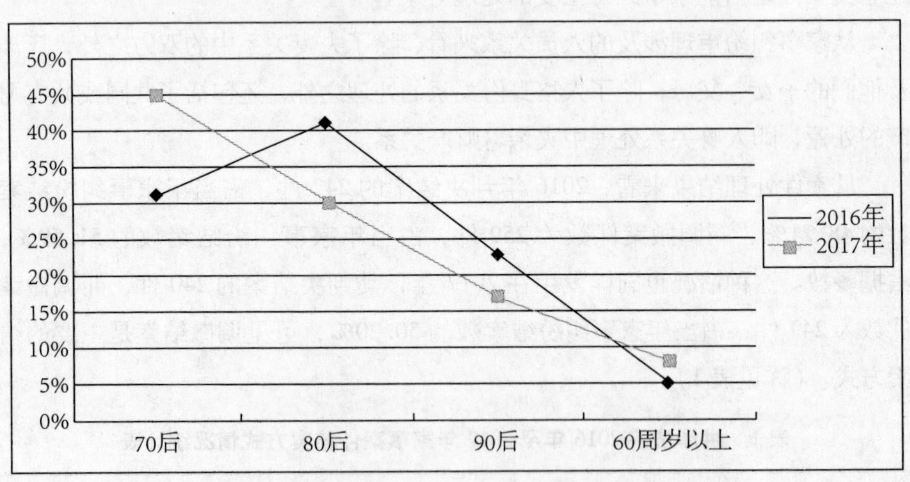

图2 洪泽法院2016年至2017年离婚案件当事人年龄统计表

4. 家事审判难度大

家事案件的复杂程度在于其不仅要解决人身关系，还要处理离婚后财产纠纷、老人赡养、子女抚养等问题。以离婚案件为例，过去人民法院处理离婚案件主要是对单纯的身份关系作出判决，现在的离婚案件出现了大量的婚后财产纠纷、分家析产纠纷等新类型案件，家庭财产构成复杂、确认困难、不易分割。而这些新问题对抗性比较强、矛盾尖锐、调解难度大，当事人稍有不满，就会将矛头指向法院，给法院的审判工作带来更多的挑战。

5. 多重诉讼占用审判资源

家事纠纷当事人都是在协商无果的情况下才来法院解决问题，在法院认定的证据事实面前，未能达到其中一方的诉求的，其会不间断行使诉权来法院打官司，以离婚纠纷来看，2016 年至 2017 年间，不服一审上诉 18 件，上诉率为 1.8%，其上诉理由主要以法院判决不准离婚为主，待法院判决其不准离婚满六个月后又再次起诉，一般当事人会重复起诉两次甚至会更多次后，法院才会判决准予其离婚，因而占用大量诉讼资源。

二、检视分析：现行家事审判制度中存在的问题及原因

1. 家事审判理念未得到更新

家事案件纠纷因其解决的不仅是夫妻双方之间的法律关系，往往还包括老人赡养、子女抚养、婚后财产分割等一系列的法律关系，其案件本身不仅是法律问题，更是社会问题。家庭是社会的细胞，对家事案件的谨慎处理，就是对家庭和睦、社会和谐稳定作出的贡献。而反观现行家事审判，则比较侧重于“事后处理”，而对于事前预防、事中干预等做得还不够，往往错过纠纷解决的最佳时机，一旦双方当事人诉诸于法律、对簿公堂，其矛盾纠纷必然会随着原被告的身份而升级矛盾，矛盾纠纷化解的难度提升。同时，家事审判在程序上还是沿袭民事诉讼法及司法解释中关于法官的职权，坚持“不告不理”“保持中立”等思想和做法，使得案件纠纷的化解依靠双方当事人在法庭上交锋对抗，而缺少对案件的驾驭和职权干预。尤其是弱势群体一方存在着举证难，家事纠纷发生在家庭这个隐蔽场所，其提供的证据多为言辞证据，难以有效判断双方当事人之间陈述的真实性，如继续按照同普通程序一样的审理模式，势必会难以查清案件事实，即使法官无徇私、依据庭上证据作出的裁判，也必然会引起当事人的不满，继而引发新的矛盾纠纷，缠诉缠访也就有可能成为当事人选择表达不满的方式和途径。

2. 家事诉讼程序未建立

最高人民法院咨询委员会副主任杜万华指出，“在社会建设方面对于婚姻家庭的稳定强调不够，往往把婚姻家庭领域的建设看作私人领域，重视不够；没有把家事案件与财产类案件区分开来，用财产类案件审判模式审理家事案件。”① 家庭固然属于私人领域，但在产生矛盾纠纷成讼后，源于其具有的社会属性，及其皆是依附于人身关系而涉及的财产等其他纠纷，如未能注意到家事纠纷案件这一特性，而冒然在举证责任分配上按照此前固有的审判模式进行分配，产生的法律后果可想而知。而当前存在的问题主要表现在以下三个方面：一是在证据收集方面一律实行财产诉讼的“谁主张，谁举证”原则，把举证责任完全归于当事人。对于该依职权主动调查的事实，不依职权主动调查，完全凭当事人的举证材料定案。二是在举证期限方面严格管控，紧紧抓住普通民事诉讼的“证据失权”制度，对于超过举证期限的证据，大都以“证据失权”为由，不予采纳。三是在证据调取方面简单粗暴，对于当事人要求法官调查的证据，也以不属于职权调查范围为由，不予调查。由于很多当事人属于弱势群体，诉讼能力不强，不懂如何搜集证据维护自己的合法权益，而且家事纠纷中的证据往往难以固定，所以通过庭审举证的方式，也很难全面呈现当事人的情感及婚姻家庭关系。

3. 案件处理结果简单

家事纠纷涉及家庭内部成员之间的情感纠葛，司法实践中，处理家事案件的方法越来越简单化、程序化，忽视家事案件的情感色彩和人伦特点，没有促成当事人之间恢复感情、消除对立、实现和解、弥合家庭伤口，引发了当事人极端情绪，导致家事案件的审理难度加大。法官这种消极居中裁判、“辩论式”审理模式，让当事人在庭审中互相揭短，加重对抗，很容易造成对当事人的二次伤害。而法官未能依职权调查案件事实，只是听，开过庭的离婚案件，调解和好的可能性大大降低。从调研的数据来看，判决结案的案件数在2016 年是 242 件、2017 年是 240 件，分别占到当年家事纠纷案件总数的近一半，可以说判决的下达，对于当事人来说，其矛盾可能在一审层面上得到化解，但有的当事人可能还要经过两至三年的多次离婚诉讼官司才能彻底化解纠

---

① 参见王春霞、罗叔臻：《家事审判改革为相关立法提供实践依据》，载《人民法院报》2016 年 3 月 3 日。

纷。因而，此种案件处理方式、处理结果及其带来法律和社会后果，需要引起我们的反思。

4. 家事审判模式落后于家事纠纷出现的新情况

通过调研发现，2014年至2016年间，全国法院每年审结的一审婚姻、家庭与继承纠纷案件均在150万件以上，且呈逐年增长的趋势，① 2015年已达到173.3万件，约占全国民事案件的三成半左右。② 而每一起离婚案件波及两个以上家庭，全国十三亿人口中百分之一的人口将会受离婚的影响。其附带产生的、多发的未成年人犯罪也与之有较大关联。以洪泽法院来讲，其出现的新情况便是70后、80后、90后农村青年人成为离婚高危人群。其主要表现在以下三个方面：一是打工潮使得新生代农民工多是利用春节等长假回家进行走马灯式的相亲，造成了婚前缺乏了解，双方相处时间短，草率登记结婚造成婚姻基础比较差；二是单方或双方外出打工，长期分居两地，没有共同的生活语言，无法培养真正的夫妻感情；三是70后、80后、90后多是独生子女，成长环境的特殊性使他们形成"以自我为中心"的习惯，缺乏照顾别人、做家务活的本领，结婚后家庭琐事往往会成为感情出现裂痕的导火线，加上双方忍让性、宽容度都不够，最终使婚姻走上死亡之路。

5. 注重审判忽略社会力量调处

虽然离婚、继承等家事纠纷是重要的民事案件类型，但长期以来，法院办理家事案件的思维模式较为传统保守，就案办案，未能体现家事案件的社会性特点，也没有建立家事纠纷常态的联动机制。仅凭法院的力量，难以协调各部门互相配合，不能充分调动社会资源形成解决家事纠纷的合力，不能充分发挥基层群众组织对婚姻家庭关系的保护作用。

三、对策建议：完善家事审判机制的方向倡导

（一）注重更新家事审判理念

家事纠纷的处理首选是调解，其次才是裁判，而法官则扮演着在刚性法律

① 参见王春霞、罗书臻：《家事审判改革为相关立法提供实践依据》，载《人民法院报》2016年3月3日。

② 参见《第十二届全国人民代表大会第四次会议关于最高人民法院工作报告的决议》，载 http://gongbao.court.gov.cn/Details/9ec8c0cddd12d82ecc7cb653441b36.html，最后一次访问时间2018年10月8日。

和家事纠纷现状面前的柔性司法的调解者的角色，其不仅是对案件事实及其法律适用要发挥法律智慧，还要具备相应的社会人生阅历，以便从法理、情理、事理中去把握案件的处理走向。这就需要家事审判法官不仅具有良好的法律职业素养和能力，还应具备“洞察家事纠纷产生、发展、变化规律的领悟力和体察力”①。而与业务能力、领悟力、体察力相应的是，法官应更新其司法审判服务理念。理念是行动的先导，理念更新是决定行动正确的关键要素。这就要求做好以下两个方面的转变：一是改变对抗式庭审模式，建立以修复感情、触动心灵、共忆美好等为要素的调查模式，抓住当事人心理感动点，作为审理中纠问的重点和必需环节，引导当事人回忆婚姻生活中的美好，促进双方感情的修复，以此来打破原有单一的对抗式、诉辩式审理方式，打造“纠问、修复感情、诉辩”相结合的审理方式，避免激化当事人情绪，对当事人产生二次伤害。二是实行不公开审理和当事人亲自到庭，不公开审理有利于保护当事人家庭隐私，避免案件处理后对家庭成员心理及家庭关系和睦造成不良后续影响。同时，尽量穷尽手段要求当事人到庭，这样做便于消除误会、修复感情，促进当事人和解、调解及案件顺利解决。

（二）家事审判特别程序构建

民事诉讼法历经2007年、2012年、2017年三次修改，但对于家事审判程序未作改动，因而各级人民法院在审理家事纠纷案件中仍沿用民事诉讼法作为审判程序。但在最高人民法院对家事审判改革的试点中，各试点法院大胆创新，为我们探索并实践了一系列好的机制和制度。最高人民法院咨询委员会副主任杜万华在2017年12月7日全国部分法院家事审判方式和工作机制改革试点工作推进会上指出，“要通过家事审判方式改革，探索家事审判特别程序，推动家事程序法的制定”，“在认真贯彻调解优先、不公开审理、当事人亲自到庭、未成年人利益最大化等原则的基础上，努力探索心理辅导干预、家事调查、婚姻冷静期、诉前调解、案后回访、离婚证明书、离婚财产申报等制度，加大家事诉讼中法官的职权干预力度，适当放宽家事案件审限，等等。”② 这是在总结前期试点法院中创新家事审判工作机制带有指向性的导向，即认可肯定前期的经验成果。从洪泽法院探索的角度来看，尽管洪泽法院不是试点法

① 参见叶向阳、陈逸群：《中国家事审判改革探析》，载《中国应用法学》2017年第5期。

② 参见杜万华：《论深化家事审判方式和工作机制改革》，载《中国应用法学》2018年第2期。

院，但本着不是试点敢于探索的敢闯敢干的精神，在家事审判程序中设置了离婚冷静期、案后回访、离婚证明书、诉前联调、委托调解、执前调解、心理干预疏导等举措，并于2017年联合区公安分局、区司法局、区妇联出台了《关于建立家事案件审判工作机制的若干规定》，对感情冷静期、人身安全保护令、委托调查令、财产申报、家事案件回访、巡回审判、联席会议、执前调解等制度予以规范文件的形式进行规定，使其更加规范、按章操作。限于篇幅，本文将着力介绍执前调解经验，这是洪泽法院在家事审判程序中的首创。执前调解，是指在家事案件当事人到法院立案申请强制执行时，给予七天的延展期，暂不立案，由原审承办法官继续做另一方当事人的工作，力争在执行延展期内将双方的矛盾纠纷化解，使其不进入执行程序，从而减轻当事人的讼累。如洪泽法院借助即时通讯技术，创新执行举措，妥善处理探视权执行纠纷，实现当事人与远方的女儿视频通话，让母女俩不因时空距离而阻却亲情的交流、传递。此便是原审承办法官为准备到法院申请强制执行对未成年子女探视权一案，为缓解矛盾，通过多方努力找到另一方当事人，经过多番思想教育工作，创新方式，用微信视频解决了探视问题，取得了较好的效果。

（三）坐堂问案向强化职权倡导

法院是社会矛盾纠纷化解的最后一道防线，法官是处理这些纠纷的居中裁判者，在行使审判权时，其代表的不是他个人，而是法律。传统认为，法官的工作场所在法庭，工作职责是驾驭庭审，听取双方当事人陈述、辩解，核查相关证据，依据法律事实适用法律作出裁判，但在家事纠纷中，因其人身属性夹杂着的对妇女儿童、老人等弱势群体的合法利益的保护等特殊性，需要法官在综合案情、案件证据等事实基础上，兼顾到社会弱势群体的保护，在综合衡量上赋予冰冷的法律以人性、以温暖。这就需要法官，走出公堂，深入矛盾纠纷源头，探究矛盾纠纷产生原因而予以综合施策，寻找出矛盾的根源，提出案件纠纷化解的最优解，而不是一判了之。法官可以从以下三个方面来做，进一步强化职权，把人民赋予的权力用于、服务于人民。一是实行委托调查令制度，家事案件一方当事人或代理人确实因客观原因无法收集证据时，可以向法院提出书面申请，经审查后法院可以向律师下发调查令，委托律师进行调查取证，这样既节省法院的人力、物力，同时也体现了取证过程中的当事人主义。二是进一步探索符合家事案件特征的证据规则，例如，在家庭暴力案件中，针对当事人举证能力通常较弱的实际，弱化举证责任重视言词证据，坚持申请即裁定，做到及时保护被害人人身权益。三是强化法院释明权的行使，针对不同类型的家事案件和不同的法律关系，采用不同的释法说理和判后答疑，以增进当事人对法院工作的理解，亦弥补当事人诉讼能力的不足。

（四）诉中裁判向诉前息讼劝导倡导

成讼在法院的矛盾纠纷多为夫妻等涉案当事人矛盾的重重叠加，很难用一纸裁判来平息这复杂错综、经年累月形成的矛盾，也难以用金钱计算、弥补亲情丧失对未成年人心理造成的损害。家事纠纷是社会问题在家庭的映射，具有比较复杂的社会背景，这也就决定了家事审判除承担司法职能外，还承担部分社会职能，将诉中裁判向诉前息讼劝导转变需要与社会力量共同协作，进一步减少因矛盾纠纷成讼对亲情的撕裂。这就需要我们在用好社会力量的同时，进一步把握住离婚纠纷是家事纠纷化解的重点难点这个现状，动员一切力量做好离婚纠纷成讼源头治理。一是司法机关要正确适用法律，确保离婚案件公正审理，适时运用维权服务、普法宣传、巡回审理、案例指导等多种手段，向当事人宣传家事法律法规，扩大婚姻家事案件的社会影响，维护婚姻家庭的稳定。二是政府应对这些问题高度重视，相关职能部门应加大宣传，为新生代农民工普及恋爱、婚姻、家庭等相关知识和观念，重树"家风家教"的优良传统，引导青年人增强家庭责任感。三是婚姻登记机关应严格遵守婚姻登记管理制度，清查和制裁违法婚姻行为，减少离婚案件发生的隐患。

（五）单打独斗向多部门联动调处倡导

"婚姻家事案件具有社会道德属性和很强的伦理性，社会民间力量与家事纠纷化解具有天然的亲合性。"① 借助社会力量参与家事纠纷调处，是新时期矛盾纠纷多元化解机制改革背景下的又一探索，以外力弥足家事审判力量之不足。而对于家事纠纷的化解应坚持以法院审判职能为中心，在向外输出法律知识、调解技巧等夯实社会调解力量的同时，主动将矛盾纠纷提交至村居基层组织、妇联组织、民政部门、社区社会组织等社会力量，与他们共同化解成讼纠纷；而对于非诉纠纷，则要发挥法院在社会综合治理的作用，主动延伸司法触角，通过矛盾纠纷排查、挂钩村居走访、重大矛盾纠纷亲自参与化解、一般纠

① 参见叶向阳、陈逸群：《中国家事审判改革探析》，载《中国应用法学》2017 年第 5 期。

纷电话、微信指导等方式对社会调处力量进行跟踪服务和指导，便于其发挥直接消除矛盾纠纷作用，进而减少成讼案件。同时，要积极打造家事纠纷综合协调解决机制依托法院的家事审判机构这一专业化平台，有效整合法院、司法、妇联、公安、民政等机构的力量，建立多方长期协作机制，发挥各自优势，形成家事纠纷社会管理新格局。比如法院与司法局联合设立家事调解委员会，从人民调解组织中选聘有一定的群众工作和调解工作经验的人员担任家事调解员，专门负责家事案件分流调处工作，建立纠纷的先司法解决机制；聘请村（居）委员会司法协理员担任家事调查员，协助法院对当事人相关事项进行调查；与妇联合作，建立心理疏导、诉后跟踪及帮扶机制；对受到家庭暴力行为的当事人，与当事人常住地的公安派出所、村（居）委员会沟通，落实好协助执行措施；与民政部门建立联享信息机制，加强沟通、互通信息，夯实家事纠纷综合协调解决机制信息平台。

四、结语

家事纠纷化解，涉及法律、行政、司法、社会组织等社会的多方，其也受到相关方面的影响和制约。法院是处理矛盾纠纷的最后一道防线，已经是社会的一种共识，但其绝不是处理家事纠纷的唯一路径，因而发挥法院处理矛盾纠纷的中心主体责任，在民事诉讼法等相关法律框架基础上，大胆尝试审判机制，邀请社会力量参与诉前纠纷化解、诉中案件调处、案后回访，将家事纠纷化解的关口适度前移、职权适度介入家庭生活，改变此前注重诉讼裁判为注重源头预防、萌芽化解、诉中多方参与的调解的共治，让家事审判以刚性兼具温情修复处于矛盾纠纷漩涡中的家庭关系，用司法引领社会并倡导和睦家庭、父慈子孝的家庭观，共促社会和谐。

[新类型疑难案例选评]

杨某与李某、浙江淘宝网络有限公司网络购物合同纠纷案*

侯　军　田静霆**

【裁判要旨】

1. 关于代购行为的法律性质，应根据是“先订货后购买”还是“现货出售”，报关和纳税的义务主体，是否包含代购费用等实际情形，认定代购行为是委托合同还是买卖合同。代购者将商品在其网站上公开上架销售，代购者已经取得了现货商品的所有权，其销售给购买人的行为实际上是转卖行为，无论发货地是国内还是国外，其与购买人之间形成买卖合同关系。

2. 名为代购实为买卖合同的进口食品，如存在非法添加等实质影响食品安全问题的，经营者应当承担惩罚性赔偿责任，不因消费者“明知”而免责。对于标签、说明书存在瑕疵，如经营者提供证据证明消费者在购买前已经明知涉案食品的是在国外制造形成，且该瑕疵不影响食品安全的，经营者无需承担惩罚性赔偿责任。

【基本案情】

李某在淘宝公司经营的淘宝网平台上开设“河马免税店”。2017年3月11

* 案件索引：一审：北京市朝阳区人民法院（2017）京0105民初38765号（2018年4月4日）；二审：北京市第三中级人民法院（2018）京03民终6715号（2018年6月27日）。

** 作者单位：北京市第三中级人民法院。

日，杨某在淘宝购物网站“河马免税店”购买新西兰进口柠檬味 comvita 康维他润喉糖蜂蜜蜂胶糖果 500g（以下简称康维他蜂胶糖果）25 袋，支付价款 3475 元。2017 年 3 月 12 日，李某将上述产品从其店铺所在地广州市番禺区雅居乐向杨某发货，杨某于 2017 年 3 月 15 日签收货物。

杨某主张李某销售的食品没有中文标签、添加了不得在普通食品中添加的蜂胶、且无进口检验检疫合格证，故不符合食品安全标准，要求李某退还货款 3475 元并赔偿 34750 元，淘宝公司对上述李某的债务承担连带责任。

涉案康维他蜂胶糖果交易快照显示：新西兰进口柠檬味 comvita 康维他润喉糖蜂蜜蜂胶糖果 500g10 + 零食，所在地广东广州，产地新西兰原装进口；每片含有提纯蜂胶等效的蜂胶提取物 100mg/g180mg。交易快照中的实物照片与杨某收货的实物照片一致，均无中文标签。杨某在下单后与店铺客服“huixian66”聊天，huixian66 询问杨某购买用途，杨某表示送朋友；huixian66 询问杨某是否需要有中文标签，杨某表示：“有的话更好”；huixian66 回复：“我们的是没有的”，杨某答复：“有的话更好，没有也没关系，他们常吃”。之后 huixian66 向杨某发送库存照片，并表示全是进口货源亲自采购。收货后，杨某询问 huixian66 产品是否有出入境检验检疫证明，huixian66 回复：“这个发货前已和你说清楚了，你说不要的”。

李某提供全球购页面截图、淘宝有关全球购官方说明证明其店铺为全球购店铺，货物均从境外采购。淘宝公司在其平台上公布了商家名称、所在地、客服电话等商家信息。

《卫生部关于进一步规范保健食品原料管理的通知》（卫法监发〔2002〕51 号）文件和《卫生部关于“黄芪”等物品不得作为普通食品原料使用的批复》规定，蜂胶不得作为普通食品原料生产经营。

【裁判结果】

北京市朝阳区人民法院法院于 2018 年 4 月 4 日作出（2017）京 0105 民初 38765 号民事判决：驳回原告杨某全部的诉讼请求。宣判后，杨某提出上诉。北京市第三中级人民法院于 2018 年 6 月 27 日作出（2018）京 03 民终 6715 号民事判决：一、撤销一审判决；二、李某于退还杨某货款 3475 元，杨某返还李某“新西兰进口柠檬味 comvita 康维他润喉糖蜂蜜蜂胶糖果500g”25袋（如不能返还，按照每袋139元折价）；三、李某于本判决生效之日起十日内给付杨某赔偿金34750元；四、驳回杨某的其他诉讼请求。

【裁判理由】

法院生效裁判认为，首先，关于双方法律关系。李某与杨某系“现货交易”，对于“现货交易”而言，代购者已经取得了现货商品的所有权，其销售给购买人的行为实际上是转卖行为，其与购买人之间形成买卖合同关系。李某的店铺虽然标注为“全球购认证商家”，但其销售给杨某的诉争食品系“国内现货”，应符合我国法律法规的相关规定。

其次，关于涉案食品是否违反食品安全标准。《中华人民共和国食品安全法》第九十二条规定：“进口的食品、食品添加剂、食品相关产品应当符合我国食品安全国家标准。进口的食品、食品添加剂应当经出入境检验检疫机构依照进出口商品检验相关法律、行政法规的规定检验合格。”李某与杨某之间系买卖合同关系，李某作为经营者，销售涉案食品应当符合我国食品安全标准的规定。《中华人民共和国食品安全法》第三十四条规定：“禁止生产经营下列食品：（一）用非食品原料生产的食品或者添加食品添加剂以外的化学物质和其他可能危害人体健康物质的食品，或者用回收食品作为原料生产的食品；……”按照卫生部相关规定，蜂胶不得作为普通食品原料生产经营。涉案产品作为普通食品，添加了蜂胶，属于不符合食品安全标准的食品。即使杨某明知涉案商品没有中文标签，但因该食品添加了蜂胶这一不应在普通食品中添加的成分，实质影响了食品安全，不属于标签瑕疵问题，不属于《中华人民共和国食品安全法》第一百四十八条第二款中标签瑕疵的免责情形。

再次，关于李某是否构成明知，是否应当十倍赔偿。作为经营者，有义务对其经营的食品是否符合国家食品安全标准履行相应的审核义务，对于经营食品的真实状况应当明知，故本案中李某属于经营明知不符合食品安全标准的食品，应按照《中华人民共和国食品安全法》的规定承担法律责任。

由上，涉案进口食品属于不符合我国食品安全标准的食品，杨某要求李某退还货款且进行十倍赔偿的诉讼主张，二审法院予以支持。

［评析］

名为代购的买卖合同，对影响食品安全的问题经营者不因消费者“明知”而免责

近年来，随着人民群众生活水平的持续提升以及追求品质消费需求的不断升级，通过海外代购进口食品的数量持续攀升，纠纷数量亦呈增加趋势。跨境电商作为一种新型的国际贸易方式，其与传统的进出口贸易有一定区别，代购过程中买卖双方的法律关系判断、如何认定“不符合食品安全标准”，经营者是否需承担惩罚性赔偿责任，是司法实务中的争议问题。

一、“代购”行为的法律性质

（一）“代购”的分类

代购，是指消费者通过代购者购买指定的商品，消费者向代购者支付一定代购费用的行为。代购可以分为国内代购与海外代购，国内代购所指向的则是位于国内的商品，海外代购针对的是境外商品，常通过代购者自身携带或者以快递直邮的方式回国送达消费者，本文主要分析海外代购中的法律争议问题。

实践中，海外代购的形式日趋多样化，主要有“现货交易”和“非现货交易”两种。现货交易，是代购服务提供者已经从海外商家购得货物，已取得该货物的所有权，该货物已经完全处于代购服务者的支配之下，可以随时向选购该商品的消费者发送货物。网络海外代购服务提供者在网络交易平台上专门开设店铺，建立商品链接，将自己向消费者提供的代售商品陈列于电子商铺上，同时将该代购商品的单价和自己将要收取的报酬以及费用的总和，标于商品图片下方。当消费者在网络上浏览商品时，会看到商品图片下方有“立即购买”等可购买字样，当消费者选定该商品并点击“立即购买”等字样并填写购买的数量、送货方式、送货地址等资料，进行购物确认后，就真正选择购买了此商品。非现货代购，是指代购服务提供者尚未从海外商家购得货物，未取得货物的所有权，代购服务提供者只是将自己有能力从海外商家代购到的商品或是海外购物网站的链接罗列在其在网络交易平台上开设的电子商铺上，并

向消费者公告相关的代购服务费、国际邮费等相关费用，由消费者自己浏览购物网站并作出选择。①

此外，根据发货地点的不同，还可以分为国内发货和海外直邮，就国内发货而言，必然属于现货交易，代购者已经取得了国外商品的所有权，并通过自身携带或快递直邮的方式到达国内；海外直邮，可能属于现货交易，也可能属于非现货交易。

（二）不同代购模式中的法律关系

海外代购与传统网络购物方式相比，交易时间更长、流程更为复杂、涉及的国内外当事人更多，涉及多方法律关系。其中，代购者与海外商家之间买卖商品的行为是民法意义上的买卖合同关系，并无争议。实际消费者（真正的购买者）与名义消费者（代购者）之间的法律关系为买卖合同关系还是委托代理关系，存在争议。

买卖合同是出卖人转移标的物的所有权于买受人，买受人支付价款的合同。委托合同是委托人和受托人约定，由受托人处理委托人事务的合同。委托合同是一种授权行为，受托人的行为最终由委托人承受。买卖合同与委托合同的区别主要有以下两点：一是买卖合同标的物的所有权发生转移，委托合同中标的物的所有权对受托人而言并不发生转移；二是两种合同中一方都是以出售标的物为目的，而买卖合同中的另一方是以获得标的物为目的，委托合同中的另一方（受托人）以获得劳务报酬为目的。

关于海外代购的法律性质，根据代购形式的不同，第一种观点认为，无论“现货交易”还是“非现货交易”，如经营者已经在电商平台上标明“全球购”字样，则消费者通过网络代购服务获得进口商品，当事人之间成立委托合同关系。第二种观点认为“国内发货”应当认定为买卖合同关系，“海外直邮”应认定为委托合同关系；第三种观点认为，非现货交易可以认定为委托合同，即使属于海外直邮方式，亦需区分是“先订货后购买”还是“现货出售”，即使电商平台为“全球购”，卖家店铺名称含有“代购”字样，但对于公开上架销售可供消费者选择的商品，双方成立买卖关系。

本文认为，应根据是“先订货后购买”还是“现货出售”，报关和纳税的

① 参见王鹏：《“淘宝网”海外代购若干法律问题研究》，华东政法大学2010年硕士论文。

义务主体，是否包含代购费用等实际情形，认定代购行为是委托合同还是买卖合同。非现货代购中，代购者以自己的名义与海外生产商和销售商进行交易，最终消费者在订购时向代购者提供完整、准确的个人信息，代购者以消费者本人名义报关、纳税，由此产生的权利义务由消费者承担，符合间接代理的法律特征，可认定为委托合同。

现货代购中，代购者将商品在其网站上公开上架销售，代购者已经取得了现货商品的所有权，其销售给购买人的行为实际上是转卖行为，无论发货地是国内还是国外，其与购买人之间形成直接的买卖合同关系。卖家无证据证明存在代购关系的不能认定为委托合同。如卖方未能提供代购服务协议、亦未能证明消费者要求其代购商品等证据，不能认定为委托关系。

本案中，李某在其网店中明确标识了商品的名称、价格、规格、原产国等信息，虽然其店铺表明为“全球购”，但该网站展示构成要约，杨某下单付款构成承诺，即杨某下单付款时双方之间成立买卖合同关系。李某虽主张双方法律关系为委托合同，但未提供代购服务协议、杨某要求李某为其代购商品等证据，故杨某和李某之间属于买卖合同关系。

（三）代购者的责任认定

代购行为的法律性质，涉及商品的瑕疵担保责任由委托方还是出卖方来承担，亦涉及相关法律及标准的适用范围。

如果属于委托合同，应以委托合同法律关系规范双方的权利义务。按照合同法第四百零六条的规定，有偿的委托合同，因受托人的过错给委托人造成损失的，委托人可以要求赔偿损失，无偿的委托合同，因受托人的故意或者重大过失给委托人造成损失的，委托人可以要求赔偿损失。成立委托关系的代购行为一般为有偿服务，如果由于代购者的过错，如未从正规经营者或购物平台上购买商品，导致代购的产品存在质量问题，或所购商品与消费者指定的不符等，消费者可以要求代购者承担相应的违约责任，如采取补救措施、支付违约金或损失赔偿。但由于代购者系受消费者委托购买指定食品，所代购食品应适用国外市场的相应标准，不受我国食品安全法及相应标准的约束。此外，按照合同法第四百零三条①的规定，当代购者因海外生产者或销售者的原因不能履行合同义务时，代购者应向消费者披露海外生产者或销售者，消费者可以行使代购者对海外生产者销售者的权利。实践中由于维权成本过高，此种情况微乎其微。

关于非现货交易，即双方成立买卖合同中代购者的责任承担，下文详细论述。

二、惩罚性赔偿在“名为代购实为买卖”进口食品纠纷中的适用规则

食品安全法第一百四十八条第二款规定：“生产不符合食品安全标准的食品或者经营明知是不符合食品安全标准的食品，消费者除要求赔偿损失外，还可以向生产者或者经营者要求支付价款十倍或者损失三倍的赔偿金；增加赔偿的金额不足一千元的，为一千元。但是，食品的标签、说明书存在不影响食品安全且不会对消费者造成误导的瑕疵的除外。”名为代购实为买卖的进口食品纠纷中，诸多争议集中于能否适用上述条款的“但书”规定。

（一）“违反食品安全标准”的认定

如果代购双方并不成立委托合同，而是成立买卖合同关系，代购者属于经营者的范畴，适用我国消费者权益保护法、食品安全法以及我国的相关标准，消费者享有我国法律规定的权利，经营者应按照我国法律履行相应的义务。

买卖合同中，如何认定代购的食品不符合食品安全标准，应当根据食品安全法第三章的内容进行审查认定。食品安全法第三十四条规定，禁止生产经营用非食品原料生产的食品或者添加食品添加剂以外的化学物质和其他可能危害人体健康物质的食品，或者用回收食品作为原料生产的食品。《卫生部关于进一步规范保健食品原料管理的通知》（卫法监发〔2002〕51号）和《卫生部关于“黄芪”等物品不得作为普通食品原料使用的批复》规定，蜂胶不得作为普通食品原料生产经营。本案中，涉案产品作为普通食品，其添加了蜂胶，

① 合同法第四百零三条规定：受托人以自己的名义与第三人订立合同时，第三人不知道受托人与委托人之间的代理关系的，受托人因第三人的原因对委托人不履行义务，受托人应当向委托人披露第三人，委托人因此可以行使受托人对第三人的权利，但第三人与受托人订立合同时如果知道该委托人就不会订立合同的除外。

属于不符合食品安全标准的食品。

（二）“代购”食品如实质影响食品安全，经营者应承担惩罚性赔偿责任

在名为“代购”实际构成买卖合同的案件中，对实质影响食品安全的问题，即并非标签、说明书的瑕疵问题，经营者不因消费者“明知”而免责。虽然名为“代购”，但由于双方属于买卖合同双方，经营者销售食品应当符合我国食品安全标准的规定。如果涉及非法添加有毒有害等物质，将未经许可的添加剂添加入普通食品，将药品、保健品等非普通食品原料添加入普通食品等不符合食品安全标准、实质影响食品安全的，不属于食品安全法第一百四十八条第二款中标签瑕疵的免责情形，即使消费者个人明知涉案产品系境外制造形成转入国内销售，经营者亦不免除十倍赔偿责任。本案中，即使杨某明知涉案商品没有中文标签，但因该食品添加了蜂胶这一不应在普通食品中添加的成分，实质影响食品安全，不属于标签瑕疵问题，不属于第一百四十八条第二款中标签、说明书的瑕疵的问题，故本案最终判决李某承担退款及十倍赔偿的责任。

关于不影响食品安全的认定，该类案件的争议主要集中于没有中文标签是否“影响食品安全”。诸多消费者以进口食品无中文标签为由进行起诉，经营者多以消费者明知其为代购而非进口的预包装食品，且不影响食品安全为由进行抗辩。对此，一种观点认为，在预包装食品包装上使用中文标签是食品安全法与国家强制性标准的共同要求，而未标识中文标签的行为亦将使购买者难以准确获得食品的原产地、名称、规格、净含量、生产日期、保质期以及境内代理商的名称、地址、联系方式等与食品安全息息相关的信息。① 经营者明知涉案商品无中文标签而上架销售商品的行为，应属于销售明知是不符合国家安全标准的食品，应当承担十倍赔偿的诉讼请求。另一种观点认为，经营者已明确告知原告代购食品无中文标签，在此情况下，基于消费者的要求发货，不构成对其的误导，消费者亦无证据证明涉案商品存在影响食品安全的质量问题，故消费者要求经营者退款并给付其十倍赔偿，于法无据。②

本文认为，不符合食品安全的食品的认定标准，应当根据食品安全法第三

① （2017）京0102民初12828号民事判决书。
② （2017）京03民终7986号民事判决书。

章的内容进行审查认定。其中不符合第二十六条第（四）项中的标签、说明书的标准的，是否适用惩罚性赔偿，应当根据食品安全法第一百四十八条第二款的规定进行审查。食品安全法第九十七条对进口食品应当具有中文标签进行了明确规定，预包装食品没有中文标签而进口的，应当推定涉案产品不符合食品安全标准，但是否影响食品安全并非绝对，其属于标签、说明书存在瑕疵的情形。对于没有中文标签的代购进口食品，如经营者有证据证明在购买前已经充分告知消费者涉案食品的来源、没有中文标签与进口检验检疫合格证的事实，应当认定为消费者对该食品的情况，如成分、含量、生产日期、保质期等有充分认识与预知，其坚持要求发货的，如没有前述非法添加、假冒伪劣等实质影响食品安全的情形，应当认定为缺乏中文标签的代购进口食品属于“不影响食品安全且不会对消费者造成误导”的情形，经营者无需承担惩罚性赔偿责任。

（三）“代购”食品标签、说明书的瑕疵是否应适用惩罚性赔偿，应当综合评断

买卖合同关系中，如属于“不影响食品安全且不会对消费者造成误导”的标签瑕疵，经营者不承担惩罚性赔偿责任。

关于“不符合食品安全标准”与“不影响食品安全”的关系是采用形式说还是实质说，自食品安全法中的惩罚性赔偿制度诞生以来，众说纷纭，至今未有定论，各地司法裁判莫衷一是。我们认为，关于标签说明书的瑕疵是否影响食品安全，采用关联性标准审查较为合理，与食品安全性有关的瑕疵应认定为“影响食品安全”。

关于是否对消费者造成误导，司法实践中，无论现货交易还是非现货交易，发生纠纷后，经营者均主张已经通过网站或客服向消费者告知涉案食品属于“全球购”，系来源于国外，并非通过我国正常进口渠道进入国内，消费者明知涉案食品无中文标签、无出入境检验检疫许可证。我们认为，应综合全案证据认定是否属于“不会对消费者造成误导”。对于买卖合同项下，如果根据网上交易图片与聊天记录等证据可证明消费者明知产品系域外制造形成并转入国内进行“现货”出售的事实，应认定为消费者对产品不存在中文标签，无法经由我国相关机构检验检疫等事实具有充分预期，未粘贴中文标签不会对其

造成误导，属于食品安全法第一百四十八条规定的“不会对消费者造成误导”的情形。如同样属于“不影响食品安全”的情形，则经营者对该进口食品标签、说明书的瑕疵不承担惩罚性赔偿责任。

综上，名为代购实为买卖合同的进口食品，如存在非法添加等实质影响食品安全问题的，经营者应当承担惩罚性赔偿责任，不因消费者“明知”而免责。对于标签、说明书存在瑕疵，如经营者提供证据证明消费者在购买前已经明知涉案食品是在国外制造形成，且该瑕疵不影响食品安全的，经营者无需承担惩罚性赔偿责任。

原告蒋志兵诉被告冒利群、南通英雄建设集团有限公司等案外人执行异议之诉案

陆炜炜*

【基本案情】

冒利群与英雄公司、久辉公司、沈锐、沈国钧、沈锋民间借贷纠纷案，江苏省南通市崇川区人民法院于2016年3月28日作出民事调解书，英雄公司、久辉公司、沈锐、沈国钧、沈锋分期给付冒利群1560万元及利息。后冒利群申请法院强制执行，执行过程中，法院于2016年12月13日向白山市广泽房地产有限公司（以下简称广泽公司）发出协助执行通知书，冻结被执行人英雄公司在广泽公司工程款17779611元，蒋志兵提出书面异议。崇川法院裁定驳回蒋志兵的异议。后蒋志兵向崇川法院起诉请求：判决立即停止对广泽公司

* 作者单位：江苏省南通市中级人民法院。

属于蒋志兵的17779611元未结算工程款的强制执行，并解除对该款项的冻结。

另查明，2012年5月5日，广泽公司作为发包方（甲方）与承包方（乙方）英雄公司签订《国际购物中心建筑工程施工合同补充合同》，英雄公司承包建设广泽国际购物中心工程，合同暂定价款为23640万元。英雄公司长春分公司于2012年6月19日与蒋志兵签订《项目经济责任承包协议书》，将工程以原价转包给蒋志兵施工，英雄公司按一定比例收取税费、服务费等，收取工程款一律汇入英雄公司账户。协议签订后，蒋志兵按期组织施工，与他人或单位签订单项工程承包合同或劳务承包，并购买塔式起重机、钢材等设备和材料用于工程。广泽国际购物中心项目于2015年5月7日通过验收。2017年4月10日，广泽公司和英雄公司出具《关于广泽国际购物中心项目的往来核对情况》，截至当日，广泽公司已付工程款206083623.68元。同日，英雄公司向蒋志兵出具《蒋志兵往来核对》，截至当日，蒋志兵收到英雄公司代广泽公司付工程款171469733.34元。广泽公司、英雄公司和蒋志兵三方没有进行工程决算。

【裁判结果】

江苏省南通市崇川区人民法院于2017年12月29日作出（2017）苏0602民初3681号民事判决：驳回蒋志兵的诉讼请求。宣判后，蒋志兵提起上诉。江苏省南通市中级人民法院于2018年7月2日作出（2018）苏06民终1590号民事判决：驳回上诉，维持原判。

法院生效判决认为：本案为案外人提起的执行异议之诉，主要审理案外人就执行标的是否享有足以排除强制执行的民事权益。根据《最高人民法院关于审理建设工程施工合同纠纷案件适用法律问题的解释》（以下简称《建设工程司法解释一》）的规定，非法转包、违法分包的相对方，或借用有资质的建筑施工企业名义的没有资质的人，均称为实际施工人。实际施工人是《建设工程司法解释一》中规定的概念，旨在对于那些已实际施工诉争工程但无法因合同关系主张工程款的人予以限制性保护，因其规范情形之特定性，故亦应在该规范所涉之建设工程施工合同纠纷案件中，才适宜对实际施工人的身份作出认定。本案中，蒋志兵主张权利的事实基础是其为案涉工程的实际施工人，该身份认定超出了本案执行异议之诉的审理范围。根据本案查明的事实，事实上形成了广泽公司与英雄公司之间、英雄公司与蒋志兵之间的两个合同关系，根据合同相对性原则，各方的权利义务关系应当根据相关合同分别处理。对于蒋志兵在建设工程中的地位问题，应根据其与英雄公司下设分支机构长春分公司签订的《项目经济责任承包协议书》确定，不能依施工事实证明其与工程建设单位广泽公司形成了事实上的建设工程施工合同关系。假设认定蒋志兵为案涉工程的实际施工人，其亦无权突破合同相对性，直接向非合同相对方广泽公司主张建设工程合同权利。本案执行标的系广泽公司协助冻结的英雄公司的工程款债权，尽管蒋志兵反映案涉工程系其实际施工，但没有证据证明蒋志兵对该工程款债权享有唯一的请求权，故蒋志兵对案涉工程款的请求权不足以对抗本案的执行。蒋志兵另案诉讼案涉工程的建设工程施工合同纠纷，这是其行使债权请求权的表现，与本案执行异议之诉审理并无冲突，故原审法院未中止审理不构成程序错误。

［评析］

实际施工人工程款债权不足以排除他案执行措施

人民法院针对建设工程发包人应给付承包人的工程款债权实施强制执行，实际施工人以其与承包人之间存在分包、转包或挂靠关系、其应享有工程款权利为由提起执行异议之诉的，并不少见。实际施工人的该项主张能否成立、是否足以阻却执行，成为审判执行实务中的难点。笔者认为，该情形下实际施工人提起执行异议之诉的，不应支持。理由如下：

一、合同相对性原则是处理合同纠纷时应严守的基本原则

有观点认为，实际施工人与发包人已经实际履行了发包人与承包人之间的合同并形成了事实上的权利义务关系，是实际施工人而非承包人的人力、物力、财力物化到建设工程中去，因此在法院查明实际施工人身份后，可以直接确定发包人的未付工程款归属实际施工人。否则，如仍将工程款认定为承包人的债权，将损害到实际施工人的权益，势必损害农民工的利益。笔者认为，这

一观点混淆了原则与例外的关系，对于实际施工人的请求权基础及权利来源存在模糊认识。

在处理合同纠纷时，首先必须考虑合同相对性原则，当事人在为自己设定权利义务时，其效力仅及于缔约当事人。本案中，广泽公司与英雄公司签订建筑工程施工合同，英雄公司长春分公司将工程转包给蒋志兵施工，事实上形成了广泽公司与英雄公司之间、英雄公司与蒋志兵之间的两个合同关系，根据合同相对性原则，各方的权利义务关系应当根据各自合同分别处理。对于蒋志兵在建设工程中的地位，应根据其与英雄公司订立的协议书确定，蒋志兵与广泽公司之间不存在订立施工合同的合意，不能仅以实际施工的事实作出蒋志兵与广泽公司存在建设工程施工合同关系的认定。从合同的实际履行看，各方均根据各自的合同约定履行着各自的合同义务，广泽公司按照其与英雄公司之间的约定，将收取的工程款汇入英雄公司账户，英雄公司也按照其与蒋志兵的约定，扣除一定比例费用后给付蒋志兵。而发包人向承包人支付工程款本身就是发包人应尽的合同义务，这是处理实际施工人向发包人主张工程款案件的基本前提。

由于英雄公司对广泽公司享有工程款债权系基于合同约定，受到法律保护，崇川法院据此裁定冻结英雄公司在广泽公司的未付工程款符合法律规定。该执行措施意在强制英雄公司履行生效法律文书确定的义务并防止申请执行人权利贬损，待该债权明确且到期后，广泽公司可以直接向申请执行人支付或将款项付至法院账户。

即便事实上蒋志兵投入了人力、物力、财力，但这是蒋志兵基于与英雄公司的约定，而非基于与广泽公司的约定，所以只能向英雄公司而非广泽公司主张。而且，蒋志兵对合同无效具有明显过错，其对于自己不具备施工资质、不能成为建设工程施工合同的主体，以及违法转包合同的无效后果应当是明知的，即便工程款债权被另案强制执行导致其主张权利受阻，也是其应承担的违法行为的不利后果。如绕开英雄公司，直接将广泽公司的未付工程款确认为蒋志兵所有，将严重违背合同相对性原则和诚实信用原则，使得蒋志兵因违法转包行为获得利益比合法分包行为相比更大，会助长违法分包、转包或挂靠行为，不利于维护正常的建筑市场秩序。

二、实际施工人向发包人主张工程款的权利源自承包人

合同法第七十三条规定，“因债务人怠于行使其到期债权，对债权人造成损害的，债权人可以向人民法院请求以自己的名义代位行使债务人的债权，但该债权专属于债务人自身的除外”。《最高人民法院关于适用〈中华人民共和国合同法〉若干问题的解释（一）》规定了债权人提起代位权的四个条件：(1) 债权人对债务人的债权合法；(2) 债务人怠于行使其到期债权，对债权人造成损害；(3) 债务人的债权已到期；(4) 债务人的债权不是专属于债务人自身的债权。笔者认为实际施工人向发包人主张权利源自承包人，其主张权利的实体法律规范就是代位权规定，分析如下。

1. 债务人对次债务人享有合法债权，该债权非专属于债务人本身。根据《建设工程司法解释一》第二条的规定，尽管建设工程施工合同归于无效，但承包人作为合同相对人，依照司法解释的规定仍可参照合同约定向发包人主张权利。该债权显属金钱债权，不具专属性。《建设工程司法解释一》第二十六条第二款规定，进一步明确与实际施工人无合同关系的发包人的被告主体地位。

2. 需债务人怠于行使自己的债权。笔者赞同崔建远教授的观点，判断债务人是否怠于行使权利不宜限于行使权利的过程，而应兼顾行使权利的结果，只要债务履行期届满时次债务人尚未清偿，债务人又未通过诉讼方式或仲裁方式请求，就认定债务人怠于行使权利。这样，债务人、次债务人谎称债务人已经行使权利就变得没有实际价值了。[①] 同样，在实际施工人（债权人）主张工程款时，只要发包人（次债务人）尚未完全清偿承包人（债务人）工程款，即可认定为债务人怠于行使权利。

3. 债务人怠于行使自己的债权，已害及债权人的债权。“适用《建设工程司法解释一》第二十六条第二款是受严格条件限制的，在实际施工人的合同相对方破产、下落不明等实际施工人不提起以发包人或者总承包人为被告的诉讼就难以保障权利实现的情形下，才准许实际施工人提起以发包人或总承包人

① 崔建远：《债权人代位权的新解说》，载《法学》2011年第7期。

等没有合同关系的当事人为被告的诉讼。"① 这与代位权规定的精神完全相符。

4. 债务人对次债务人的债权已到期，即要求承包人对发包人的工程款债权已经到期。

2018年12月，最高人民法院发布《关于审理建设工程施工合同纠纷案件适用法律问题的解释（二）》（以下简称《建设工程司法解释二》），第二十四条对《建设工程司法解释一》第二十六条进行了修正，一方面把"人民法院可以追加转包人或者违法分包人为本案当事人"修改为"人民法院应当追加转包人或者违法分包人为本案第三人"；另一方面增加要求人民法院"在查明发包人欠付转包人或者违法分包人建设工程价款的数额后"，方可"判决发包人在欠付建设工程价款范围内对实际施工人承担责任"。《建设工程司法解释二》第二十五条则对代位权行使作出明确规定，"实际施工人根据合同法第七十三条规定，以转包人或者违法分包人怠于向发包人行使到期债权，对其造成损害为由，提起代位权诉讼的，人民法院应予支持。"

综上分析，实际施工人向发包人主张权利实质上是为了保全自身对承包人的债权，虽然其根据司法解释规定可以直接以发包人为被告提起诉讼，但实质上是在代位行使承包人对发包人所享有的工程款债权，其权利来源仍然是违法分包、转包或挂靠合同，其与发包人之间不存在建设工程合同法律关系，不能排除承包人的建设工程施工合同主体地位，不能因存在实际施工人，就对承包人的合同主体地位进行否定，进而认定承包人对工程款不再享有权利。

三、实际施工人对工程款享有的权益不足以排除另案强制执行

《最高人民法院关于适用〈中华人民共和国民事诉讼法〉的解释》第三百一十一条规定：案外人或者申请执行人提起执行异议之诉的，案外人应当就其对执行标的享有足以排除强制执行的民事权益承担举证证明责任。笔者认为，在人民法院针对发包人应给付承包人的工程款债权已实施强制执行的情况下，实际施工人对执行标的所享有的民事权益不足以排除强制执行，理由如下。

① 冯小光：《回顾与展望——写在〈最高人民法院关于审理建设工程施工合同纠纷案件适用法律问题的解释〉颁布实施三周年之际》，载最高人民法院民事审判第一庭编：《民事审判指导与参考》总第33集，法律出版社2008年版，第79～82页。

首先，实际施工人对工程款享有的权利相比承包人不具优先性、排他性。从前文分析看，承包人基于合同约定享有的工程款债权受到法律保护，人民法院基于申请执行人的申请，冻结承包人在发包人处的工程款债权具有法律依据。实际施工人既可以基于其与承包人的合同约定向承包人主张权利，也可以基于《建设工程司法解释一》第二十六条第二款、《建设工程司法解释二》第二十四条规定直接向发包人主张权利，并申请法院采取查封、冻结措施，但其权利来源依然是其与承包人的约定，承包人基于合同约定对发包人享有工程款债权没有发生质的改变，并不因实际施工人的出现，承包人对工程款就不再享有权利，也没有任何法律和司法解释规定实际施工人享有的权利优先于承包人享有的工程款债权。江苏省高院民一庭 2015 年 7 月发布的《执行异议之诉案件审理指南》第二十三条就规定：人民法院针对建设工程发包人应给付承包人的工程款到期债权实施强制执行，实际施工人以其与承包人之间存在挂靠关系、其应享有工程款债权为由提起执行异议之诉的，应当不予支持。实际施工人可以根据合同相对性原则，向承包人主张债权。

其次，实际施工人不能因违法分包、转包、挂靠行为获得比合法的专业或劳务分包行为相比更大的利益。在合法的专业或劳务分包下，根据合同相对性原则，专业或劳务分包人一般只能向总承包人主张权利。如总承包人在发包人处的工程款被法院先行采取强制措施，专业或劳务分包人虽然也对工程投入了人力物力财力，但其只是总承包人的债权人，与发包人没有直接的合同法律关系，不得排除强制执行，只能通过诉讼或仲裁尽快向总承包人主张权利，或行使代位权，申请采取相应的强制措施，根据执行规定的顺位实现债权。违法分包、转包和工程挂靠行为均为法律法规明令禁止，所签建设工程施工合同无效，人民法院甚至可以收缴当事人已经取得的非法所得。在此情况下，如实际施工人得以排除强制执行，将在事实上认定实际施工人享有优先于承包人的工程款债权，使得实际施工人因违法行为获得比合法行为相比更大的利益，这既有违诚信原则、合同相对性原则，也会助长违法分包、转包或挂靠行为，不利于维护合法的建筑市场秩序。

最后，保护实际施工人的利益与保护农民工的利益不能等同。《建设工程施工合同解释一》第二十六条第二款的出台，目的在于保护善意农民工的合法权益。但即使对实际施工人给予司法倾斜保护，也不能保证农民工的权益得以改善，实际施工人拿到工程款不给农民工结算工钱，逃之夭夭的现象也早已有之。审判实践中，出现了实际施工人与其合同相对人串通虚构或做大工程款债权，向总承包人或发包人谋取额外利益的情形；执行实践中，出现了以实际施工人对工程款享有债权为由意图阻却执行、为承包人逃避债务的情形。《建设工程司法解释二》第二十四条和第二十五条的规定，正逐渐朝着正常法律逻辑的方向回归。实际上，对于农民工合法权益的保护，司法保护处于最末端，作用相当有限，除了在司法解释中改进实际施工人的诉权规定之外，更应着重加强事前控制、加大对违法分包、转包或工程挂靠的处罚力度，真正让实际施工人无利可图，并实现对农民工工资专项监管与计提，探索构建工资发放给农民工本人的机制，而不是给付给违法的实际施工人。否则，司法实践中对实际施工人过度的倾斜保护，只会让实际施工人更加有恃无恐，打着维护农民工权益的幌子牟取私利，从长远上和根本上会损害农民工权益。

《最新法律文件解读》丛书
稿　约

《最新法律文件解读》是一套以为最新法律规范提供同步"解读"为主的系列丛书,分为刑事、民事、商事、行政与执行4个分册,按月出版。

本丛书以"解读"为重点,突出全、专、新、快、准等特点,通过对最新出台的法律、法规、司法解释、部门规章以及重要地方性法规进行同步动态解读,弥补了法律、法规、司法解释汇编类出版物没有同步阐释、解读内容的不足,为广大读者学习理解最新法律规范,正确贯彻执行法律文件,及时解决实践中的新情况、新问题,提供一个全方位、多层面的法律信息平台。

欢迎您向以下栏目赐稿:

【最新法律文件解读】主要是对最新颁行的法律文件进行解读,帮助司法和执法人员正确理解法律文件的立法背景、意义、重点内容、在适用中应注意的问题、与相关法律文件的衔接与互动关系等等。

【司法实务问题研究】主要刊登对司法理论、实务及司法管理工作中的热点、疑难问题进行研究及评论的文章。

【新类型疑难案例选评】主要是对司法和行政执法实践中具有典型性和代表性的疑难案例,结合具体案情以及审理或处理结果进行简练精辟的点评,解析认识问题的方法、处理问题的法律依据和在个案中的具体适用。

【法学前沿与新视点】以摘要的形式刊登相关法学理论研究的最新动态及具有代表性和典型性的前沿问题,扩展法学研究的深度和广度。

【法律适用问题解答】主要针对司法和行政执法实践中面临的新问题、热点问题、疑难问题进行简要的解答,指出涉及的法律关系,明确法律适用依据。

稿件一经刊用,即付稿酬,稿酬从优。

《刑事法律文件解读》	姜　峤	邮箱:bj85250573@126.com
《民事法律文件解读》	丁丽娜	邮箱:dlnlaw@163.com
《商事法律文件解读》	路建华	邮箱:shangshijiedu@126.com
《行政与执行法律文件解读》	张　奎	邮箱:271717306@qq.com

人民法院出版社

《最新法律文件解读》丛书编辑部